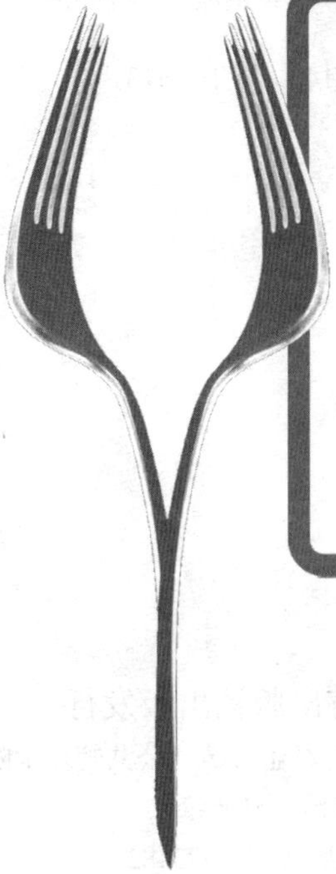

做最有价值的酒店服务员

李勇◎著

廣東旅游出版社
GUANGDONG TRAVEL & TOURISM PRESS
悦读书·悦旅行·悦享人生
中国·广州

图书在版编目（CIP）数据

做最有价值的酒店服务员 / 李勇著. -- 广州：广东旅游出版社，2014.9
ISBN 978-7-80766-906-7

Ⅰ.①做… Ⅱ.①李… Ⅲ.①饭店-商业服务-基本知识 Ⅳ.①F719.2

中国版本图书馆 CIP 数据核字（2014）第 164673 号

出 版 人：刘志松
策划编辑：陈晓芬
责任编辑：廖文静
版式设计：邓传志
封面设计：李尘工作室
责任校对：李瑞苑
责任技编：刘振华

广东旅游出版社出版发行
广州市天河区五山路 483 号华南农业大学（公共管理学院）14 号楼三楼
邮编：510642
邮购电话：020-87348243
广东旅游出版社图书网
www.tourpress.cn
深圳市希望印务有限公司印刷
（深圳市坂田吉华路 505 号大丹工业园 2 楼）
787 毫米×1092 毫米　16 开
印张：12
字数：233 千字
印次：2014 年 9 月第 1 版第 1 次印刷
印数：1～4000 册
定价：25.00 元

序

“用工荒”在近几年的媒体中频繁出现，然而，很多求职者因为找不到合适的工作而“啃老”。在酒店用人方面，一边是企业招不到合适的人才，一边是求职者找不到合适的工作。

为什么会出现这样的现象呢？有一点不容忽视：求职者不具备实际胜任工作的能力！另外，一些掌握了一定技能的人却缺乏一些职业基本常识和职场礼仪，因而，往往在试用期之内就被“刷”下来了。

同样，酒店管理方面也存在着一些问题。曾有一家五星级酒店的老板跟我聊自己的员工时说：“我本来想侧重提拔内部的员工，却发现他们不胜任自己的新工作。这真是多了一个蹩脚的经理，少了一个优秀的主管；多了一个蹩脚的主管，少了一个优秀的领班；多了一个蹩脚的领班，少了一个优秀的员工。”

也许很多酒店老板都有这样的无奈，我也深有体会。很多酒店老板经常参与各种论坛、总裁班的学习，感觉自己每天进步一点，每天超越一点，可是回头一看，自己的团队却与自己的要求相差越来越大，总感觉他们跟不上自己的步伐。

这是谁之过呢？答案是显而易见的，那就是酒店管理者只重视了自己的提升，却忽略了对团队的培训和提高。

我做酒店培训时，也强烈地感觉到现在酒店行业的职业经理人、领班、服务员等的求知欲望非常强，也有强烈的自我提升的愿望。但是如何在自己的工作岗位上做得更好，更优秀，很多人却是一头雾水，没有找到可行的办法。

俗话说：一流的领导用团队，二流的领导用他人，三流的领导用自己。那么，你是不是一流的领导者呢？打造一流的服务团队，从岗位培训做起。

以就业导向为目的，就是要为酒店培养出应用型技术和管理人才。而这最直接的体现就是实现被教育者的顺利就业。这就要求受教育者在学习期间能够掌握所学领域比较实用的操作技能、管理方法，并能在实践中加以运用，让受教育者不仅达到行业要求，还成为佼佼者。

基于以上原因，我结合自己20余年的管理和培训经验，对酒店经营管理和服务中遇到的问题进行了梳理，并总结了众多酒店岗位管理的成功经验，从酒店不同岗位出发，推出了这套酒店管理的实战丛书。

第一，《做最有价值的酒店服务员》

服务是酒店的灵魂，服务水平的高低直接影响酒店的经济效益和社会效益。一流的服务来自一流的员工，在这个以服务缔造竞争优势的行业里，作为服务载体的服务员不仅体现了自己的素质，还代表了酒店的形象。

三流的服务员不清楚客人为什么不满意，怎么使客人满意；二流的服务员清楚客人为什么不满意，但不知道如何使客人满意；一流的服务员知道客人为什么不满意，而且有方法使客人满意。

从三流服务员到一流服务员，虽然只有一字之差，却有天壤之别。如何做一名一流的服务员？

第二，《做最有价值的酒店领班》

张瑞敏说，把简单的事情做好，就是不简单；牛根生说，财散人聚，财聚人散。这些话都说明了抓住基层的重要性。个人为副，团队为主，基础班组是酒店最小的细胞，细胞的连接要靠领班。

领班是酒店最基层管理者，是各项工作和服务的直接指挥员，在酒店职位等级中处于管理的最基层。领班是与客人打交道最直接的一层领导，要亲自安排落实对客人的各项服务工作，解决客人提出的各种各样问题，是客人心目中最信赖的人。

刚升任的酒店领班一般都会遇到这样的尴尬：好朋友成为下属，管理起来难；协调部门之间的合作难；带领团队做出优秀的业绩难。那么，领班应该如何定位自己的角色，如何带领团队，如何做好优质服务呢？

第三，《做最有价值的酒店经理》

酒店24小时提供服务的特点注定经理工作量大而烦琐，活动短暂而步伐紧张，注重现实活动并重视现场解决问题。作为酒店经理，需要处理酒店的一切事务和承担整个酒店的责任，带领全体员工一起完成既定的各项目标。

作为一名酒店经理，也许你遇到过这些难题：员工素质不高，流动性大；工作辛苦，成就感差；留不住客人，营业额下降。那么，如何提升酒店经理的职业水平？酒店经理如何开展和实施管理？如何在重要的岗位上做得得心应手呢？

著名实战派酒店管理大师——李勇先生从基础服务员一直做到酒店经理，并从事多年的酒店培训工作，对酒店服务和管理有着丰富的实战经验和独到的操作心得，全方位为读者打造一套酒店岗位培训书系。

笔者将会手把手教你，从对内、对外两个角度全方位打造优质的服务团队，同时，做好服务团队的带领者和推动者；协助解决内外沟通的各种问题和种种障碍，提升服务质量和管理水平。

本丛书的案例都是作者自己经历过的或是在培训过程中碰到的，体现了“实操、实用、实战、实际”的特点，操作性强，实用性更强，基层的服务员、领班、酒店经理都可以在实际的工作中灵活运用。

本丛书对酒店各个岗位进行了系统的分析，从基层到高层，层层递进，环环相扣。

如果你是酒店服务员，本丛书将帮助你成为最好的服务员，并帮助你逐渐成为最好的领班、经理；如果你是酒店领班，本丛书将教会你如何管理好服务员，然后帮助你逐渐提升为酒店经理；如果你是一名酒店经理，那么本丛书将提升你的管理能力，让你成为最好的酒店经理，为企业带来最大的利润。

如果你的酒店员工有强烈的求知欲，那么本丛书提供全方位传授岗位技能、操作要点、管理方法，具备实际、实用、实操、时效性强的特点，是一线岗位工作人员和基层、中层、高层管理人员的最佳培训读本，通过实效培训改善企业体制，提升管理效能，获得持续的竞争优势，让你的员工比竞争对手学得更快！

目 录

第一章

做一流酒店服务员，你准备好了吗

一流的酒店具备一流的服务，一流的服务来自一流的服务员。一流酒店服务员 = 积极的心态 + 优质的服务 + 得体的语言，其不仅清楚客人为什么不满意，而且总有办法让客人满意，这就是最有价值的酒店服务员。

第一节　积极的心态——做好服务的基础

“现代酒店管理之父”斯塔特勒说：“酒店仅出售一种特殊商品——服务。”可以毫不夸张地说，酒店的服务就是酒店的灵魂，酒店服务水平的高低直接影响酒店经济效益与社会效益。

一流的酒店具备一流的服务，一流的服务来自一流的员工。当下正是一个以服务缔造酒店竞争优势的时代，作为酒店服务载体的服务员，服务水平的高低不仅体现了个人的素质，还是酒店形象的“代言人”。

服务的宗旨就是让客人满意，顾客就是上帝。一流服务员不仅清楚客人为什么不满意，而且总有办法让客人满意；二流服务员清楚客人为什么不满意，可惜不知道如何让客人满意；三流服务员总弄不清客人为什么不满意，也不知道怎么使客人满意。

从三流服务员到一流服务员，只有一字之差，结果却有着天壤之别！服务明星＝积极的心态＋优质的服务＋得体的语言，这就是最好的酒店服务员。其中，积极的心态是酒店服务员做好服务的基础。

一、服务心态决定服务质量

心态就是一个人对事物的态度。心态分为两种，积极的心态和消极的心态。积极的心态是指主动向正面的、好的方向思考问题，并积极采取行动，努力实现目标。而消极的心态是指不满于自身条件或能力，进而造成信心的缺失，看事情容易往负面的、不好的方面想，轻易就会放弃目标。

以下是一组算术题：

1 + 4 = 5；

6 + 2 = 8；

4 + 4 = 9；

9 + 7 = 16。

如果问这组算术题有什么特点，大多数人会说这里面有一个算术题是错误的，4 加 4 不是等于 9，而是等于 8。只有少数人会说，这里面有三个正确的计算题。

对于这几道简单的算术题，尽管人们从两个方面的解读都正确，但这两种解读方式也从侧面反映了人们的不同心态。这就是，人们更容易看到事物不好的一面，而往往忽略了好的一面。于是，出现了以上的结果，这组算术题明明有三个是对的，只有一个是错的，但是大部分人却忽视了对的多数，而耿耿于怀于错的少数。从某种程度上说，这也是一种消极的心态。这种消极的心态会影响我们的行为方式，进而影响目标的实现。因此，我们应该调整消极的心态，多往好的方面看，以积极的心态看待自己的工作和生活。

酒店服务员的服务态度就是指服务员在为客人服务的过程中，在言行举止方面所表现出来的一种心态。客人有两种需求，一个是物质需求，另一个是精神需求。服务态度的作用是能满足客人的精神需求（或称心理需求），使其不但拿到合格满意的“产品”，还要心情舒畅、满足。

积极的心态非常重要。积极的服务态度主要包括：热情、诚恳、礼貌、尊重、亲切、友好、谅解、安慰等。服务员要有积极的心态，不能把由其他因素带来的负面情绪在客人面前表现出来。服务员的心态是反映服务质量的基础，优质的服务是从积极的服务态度开始的。良好的服务态度会使客人产生亲切感、热情感、朴实感、真诚感。

有人说，当服务员是一份很没有前途的工作。你看，说这话的人就是一个心态消极的人。要想改变生活，首先要做的就是改变自己。如果你的心态是正确的，你的生活就会是正确的。当你用积极的心态面对生活时，即使再大的困难也难不倒你。

很多时候，成功就在一念之间。而这“一念”，却来自你长期的自我心态调节。把心态带到阳光下，你就能发挥无限的潜能，走上人生的康庄大道；反之，把心态带到阴暗潮湿的环境中，你只会越来越消极。

【经典案例】

在美国，有一个叫雷·克罗克（Ray Kroc）的人。他出生的那年恰逢美国西部淘金热结束，一个让许多人都发了财的时代与他擦肩而过。他读完中学后，本该继续读大学，可是又赶上了1931年的美国经济大萧条，他因没钱又失去了读大学的机会。后来他进入了房地产业，好不容易打开了局面，不料第二次世界大战爆发，房价急转直下，他又失去了经济来源。为了谋生，他不得不四处求职，做过酒店服务员、保安、推销员等。就这样，几十年来，低谷、逆境和不幸时刻伴随着他，命运似乎一直在捉弄他。

虽然屡遭挫折，但雷·克罗克却丝毫不减追求美好生活的热情。1955年，在外面闯荡半生的他回到老家，卖掉家里少得可怜的一份产业开始做生意。

这时，他发现迪克·麦当劳和迈克·麦当劳兄弟俩经营的汽车餐厅生意非常红火。经过一段时间观察，他认为这个生意很有发展前途。当时他已经52岁了，却决心从头做起，到这家餐厅打工，学做汉堡包。

后来，他与麦氏兄弟合作成立了第一家加盟连锁店。再后来，当麦当劳经营不景气时，他又以借来的200多万美元将其买下，并开始以科学化的管理方式经营麦当劳。

现在，麦当劳已成为全球最大的以汉堡包为主食的速食公司，而雷·克罗克则被誉为“汉堡包王”。

一个人对待生活的态度能够决定他的一生。瑞士哲学家阿米尔曾经说过：“生活失去了希望，就不再是生活，它的名副其实的名字就该是磨难。”我们每个人的一生都要经历很多磨难，如果能做到心怀希望，那么任何磨难都会变得微不足道。反之，放弃希望的人就像是给自己的生活判了死刑，人生会失去全部的意义。

保持积极的心态是一门生活艺术。你是用积极、乐观的心态看世界，还是用消极、悲观的心态看世界，将决定你的人生轨迹。因为同样的事物，以不同的态度、方法去对待，结果也会完全不同。就像雷·克罗克屡遭挫折的一生，换作别的人，可能早已经对生活失去了信心和希望，但雷·克罗克却凭着对生活的积极心态，在人生的后半段缔造了一个辉煌的传奇。

只有保持积极的心态，我们才能在困境中仍对未来充满希望。事实上，这也正是成功者与失败者的差异所在。

失败者总是用消极、悲观的心态看问题，所以他们的情绪也是消极的，比如忧愁、悲伤、愤怒、抱怨、焦虑、痛苦、恐惧、憎恨等。这种消极的情绪会造成人们行动的迟缓、精神的疲惫、进取心的丧失，严重时会使自我控制力和判断力下降，意识范围变窄，正常行为被瓦解。成功者则不然，他们在碰到相同或更大的问题时会有积极的反应，会寻求问题好的一面，使结局变得更美好，更成功。

我们无法预知生活的各种情况，但我们能够以积极的心态和积极的情绪来适应它，这就是高情商的表现。初始时，人与人之间只有很小的差异，但这些很小的差异有时候会造成日后巨大的差异。很小的差异包括积极的心态和消极的心态，巨大的差异包括成功与失败。

二、明确的职业目标是积极心态的源泉

酒店服务员的工作比较单一，每天都要端盘子，有些人就把端盘子等同于工作，那么，端盘子是酒店服务员工作的全部吗？其实，酒店服务员的工作远远不只是端盘子那么简单，更重要的是如何服务才能让客人满意。

例如上菜，不是把菜简单地放到客人面前就结束了，而是要从专业的角度为客人介绍菜的名称、原料、典故等，让客人享受到优质的服务。而有些酒店服务员的心态很浮躁，情绪时好时坏，高兴的时候对客人笑脸相迎，不高兴的时候就板着一张脸，好像人家欠了他多少钱没还似的。

酒店服务员只有通过自我分析，正确认识和了解自己，才能对自己未来的职业生涯作出最佳的抉择。如果忽视了自我评估，职业生涯规划就很容易中途夭折。自我评估的主要内容包括兴趣、个性、能力、特长、学识水平、思维方式、价值观、情商以及潜能等，即弄清楚你是谁、想要做什么、能做什么。积极的心态并不是与生俱来的，那么，我们怎么才能积极地生活和工作，动力来自哪里呢？答案就是梦想和未来。

作为一名最基层的酒店服务员，你有没有想过这样一些问题：我最大的梦想是什么？我的未来是什么样的？我是否想过要像麦当劳的创始人雷·克罗克一样，创造一个中国的“麦当劳”呢？如果你想过这些问题，并正在付诸实践，那么你的心态一定是积极的，因为你有了足够的动力。

【经典案例】

一个名叫杰克的邮差每天徒步给村民送信，风雨无阻。有一天，他在回家的崎岖山路上捡到一块石头，发现那块石头外形十分奇特，放在手里左看右看，有些舍不得丢掉，于是把石头放进了自己的邮包里。

当杰克回到村子里的时候，村民们看到他的邮包鼓鼓的，就问他："今天的信还剩这么多吗?"

杰克笑着说："不是信，是一块石头。"村民们很诧异，不理解他为什么带回来这么一块又重又没用的石头，就好意劝他："你每天要走那么多的路，背着一块石头多累呀?"

杰克听了村民们的话，取出那块石头，炫耀着说："你们看，这是一块多么漂亮的石头呀，我要用这样的石头建很多漂亮的城堡。"村民们都笑了："这样的石头没有什么特别的，再说，你要是建城堡，得捡多少年的石头呀?"杰克笑着不说话。

从此，杰克每天在送信的途中都会寻找这样的石头，并带回一块。不久，他便收集了一大堆这样的奇形怪状的石头，但离建造城堡还差得很远。于是，他开始推着独轮车送信，只要在路上发现中意的石头就往独轮车上装，并且推了回来。

此后，杰克更忙了，他白天要送信、捡石头，晚上要设计自己的城堡。对于他的这种行为，村里人都感到不可思议，认为他的精神出了问题。面对别人的质疑，他总是一笑置之，继续自己想做的事情。

他不停地送信，不停地寻找石头、运输石头……20多年过去了，杰克所在的偏僻的村子里出现了许多错落有致的城堡，有清真寺式的，有印度神教式的，有基督教式的……

现在，这个城堡已成为法国著名的旅游景点。

杰克虽然只是一个普通的邮差，但是他有伟大的梦想，并付诸实施。20多年来，他始终坚持着自己的梦想，用积极的心态面对村里人的不解和冷嘲热讽，并用实际行动实现了自己的梦想。像他这样有梦想又付诸行动的人，怎么可能消极呢?

但是，可怕的是，我们的很多欲望总是与自己的真正需求毫无关系。过多地关注他人（那些在我们葬礼上不会露面的人）对我们的看法，使我们把自己短暂的一生中最美好的时光破坏殆尽。

当我年轻的时候，我梦想改变这个世界；当我成熟以后，我发现我不能够改变这个世界，我将目光缩短了些，决定只改变我的国家；当我进入暮年以后，我发现我不能够改变我的国家，我的最后愿望仅仅是改变一下我的家庭，但是，这也不可能。

现在我躺在床上，行将就木，我突然意识到：如果一开始我仅仅去改变我自己，然后，我可能改变我的家庭；在家人的帮助和鼓励下，我可能为国家做一些事情；然后，谁知道呢，我甚至可能改变这个世界。

我们有多少人不是在年少时对未来充满了雄心壮志，希望功成名就，获得世人的瞩目，到年老时却发现自己一事无成？成功的心态来自制定切实可行的目标，在积极主动的行动路上获得成功，在成功的道路上没有捷径。

三、自动自发，快乐工作

酒店服务员流动性很大，因此容易导致他们缺乏责任心。很多人认为，自己可能干不了多长时间，所以就有“做一天和尚撞一天钟”的心理，对工作敷衍了事，对客人爱答不理，缺乏自动自发的精神，这样的服务效果可想而知。

任何一种工作做久了都会令人心生厌倦，感到没有出路，更别说酒店的基层服务人员了。其实，问题也许并非出在工作本身上，而是人的心态出了问题。在工作中，永远都不要忘记随时调整心态，因为工作的突破取决于人自身的突破。

【经典案例】

有一位青年在美国某石油公司工作，他所做的工作连小孩都能胜任，就是巡视并确认石油罐盖有没有自动焊接好。

石油罐经输送带移动至旋转台上，焊接剂便自动滴下，沿着盖子回转一周，作业就算结束。他每天如此，反复好几百次地注视着这种作业，枯燥无味，厌烦极了。他想创业，可又无其他本事。后来他发现罐子旋转一次，焊接剂滴落39滴，焊接工作便结束了。他想，在这一连串的工序中，有没有什么可以改善的地方呢？一天，他突然想到：如果将焊接剂减少一两滴，是不是能节省点成本？

于是，他经过一番研究，终于研制出37滴型焊接机。但是，利用这种机器焊接出来的石油罐偶尔会漏油，并不理想。他不灰心，又研制出38滴型焊接机。这次的发明非常完美，公司对他的评价很高，不久便生产出这种机器，改用新的焊接方式。虽然节省的只是一滴焊接剂，但“一滴”却给公司带来了每年5亿美元的新利润。

这位青年就是后来掌握全美制油业95%实权的“石油大王”——约翰·D. 洛克菲勒。

每个人在刚刚进入一家新公司或者获得一个新的岗位时，都会有新鲜感。但是，当新鲜感消失，工作驾轻就熟之后，人们的工作激情往往会跟着消失。这时候就要在工作中扮演积极的角色，通过不断给自己树立新的目标，挖掘新鲜感。

而这么做的前提就是，不要只把工作当成谋生的手段，而要把自己的事业、成功和目前的工作连接起来。没有这个前提，你就没有挑战更高目标的动力，就会在日复一日、年复一年的重复性工作中慢慢倦怠，失去激情。

你在生活中快不快乐，其实完全取决于看待、理解生活的态度及心态。培根说性格决定命运，其实，决定命运的不只有性格，还有努力、机会和运气。否则，我们就无法解释，为何那么多人性格相同，其命运却千差万别。明白了这个道理，我们才会觉得快乐一天就会多一天快乐。

微笑能让你感到快乐。表现得像发生了什么开心事一样，也能让你得到与真心大笑同样的效果。所以，请笑出来吧，像不曾受过伤一样。只要嘴角轻轻上扬，你的人生就会充满快乐。

【经典案例】

英国心理学家霍特曾讲过这样一个故事。某天，克里斯感觉自己情绪低落。以往他应对情绪低落的方法是躲起来不见人，直到心情好转为止。但这天他要跟上司一起去参加一个重要的会议，无法逃避，所以只好强装出一副精力充沛的样子。

在会议上，克里斯笑容满面、谈笑风生，完全装出一副心情愉悦而又亲切热情的样子。让他感到惊讶的是，这种状态没维持多久，他竟然发现自己不再抑郁低迷了。

克里斯并不知道，他在无意中运用了心理学的一个理论来调整了自己的情绪，即假装处于某种情绪下，往往能让自己真的产生这种感受。

显然，快乐是可以创造出来的。事实上，心理学专家研究发现，人类行为的方方面面，包括走路和说话的方式，都能影响人们的感觉。

美国佛罗里达州大西洋大学的心理学家萨拉·斯诺德格拉斯研究了走路方式对人们情绪的影响。她假装要做一个关于身体活动对心率影响问题的研究，要人们用不同的方式走三分钟。其中一半的实验参与者要大步走、摆动胳膊、昂首挺胸，另一半则要小步走、拖着脚走路、眼睛盯着地面。

实验结束后，所有参与者都要给自己的快乐指数打分。结果显示：大踏步走的人与拖着脚步走的人相比，明显感到更快乐。可见，快乐是可以被创造的。身体上小小的改变，就能让身体充满正面、积极的能量。

第二节　优质的服务——留住客人的最好方法

在酒店里，我们经常会听到客人喊“服务员，餐巾纸”，“服务员，筷子”，“服务员，烟灰缸”，等等。这给人的感觉就是只有客人提出了要求，服务员才会把那些物品拿过来。甚至客人提出了要求，服务员还是无动于衷，客人只好对其服务直摇头。

这些酒店服务员来来回回地走着，做了什么呢？难道没有看到客人有需要吗？这些现象说明，酒店服务员的服务意识太差，不会主动通过观察来判断客人的需求，更不会主动询问，只是被动地等待客人提出要求，造成了服务的被动性，很难赢得客人的好感。

一、客人为什么会离开

我们都知道，如果一家酒店没有客人光临，就会倒闭，因此客人的价值是显而易见的。但是我们却不一定知道，如果没有足够数量的固定客人，那么也就没有几家酒店的经营能够维持很久。酒店生存和成功主要取决于通过优质服务留住固定客人，而不是依赖促销手段和闪电式的销售策略吸引一次性客人。

每个客人进入酒店，都对商品和服务的质量有一定的期望，也对与你的酒店打交道时的经历有一定的期望。如果你的服务水平超过了他们的期望值，他们就会感知到较高的服务质量；如果你的服务水平没有达到他们的期望值，他们就会感知到较低的服务质量。

每个客人的头脑中都有一个天平，将他得到的服务与他的期望值进行比较。如果还是照搬以往一成不变的服务模式，甚至机械化的服务流程，无法给客人提供令人惊喜的差异化服务，那么酒店未来盈利就会造成不少的隐患。

客人潜在的价值分析表明，当不满意的客人走出店门时，他们将带走一大笔未来的生意。而且，如果不满意的客人把他们对酒店的坏印象告诉其他人，也增加了损害未来生意总量的危险性。勒伯夫指出，不满意的客人平均会把其对酒店的不满告诉 8 至 10 个人，而每 5 个不满意的客人中会有一个再把其不满告诉 20 个人。

对于一般的酒店而言，吸引新客人所花的费用是留住老客人的 6 倍。其中有个问题尤其需要重视，就是大多数情况下，客人忠诚度的价值是每一次购买交易价值的 10 倍。

对每个行业来说，吸引新客人和新员工都是重要的，但是如果不在服务策略上投资，不想办法留住老客人和老员工，酒店几乎不可能长久地生存下去。虽然大多数服务性企业无法留住 100% 的客人和员工，但是追求一个较切合实际的目标，例如，80% 的保留率，可以给酒店带来较高的利润水平。

一个酒店如何才能达到 80% 的保留率目标呢？勒伯夫在一个关于“为什么客人离开了”的某个企业的问卷调查中可能已经找到了线索。这次问卷调查的结果如下：

1% 的客人去世了；

3% 的客人搬家走了；

5% 的客人与其他酒店交上了朋友；

9% 的客人由于竞争的原因离开了；

14% 的客人对产品不满意；

68% 的客人因为店主、经理或一些员工的冷漠态度而离开。

所以，如何推陈出新，打破传统的服务流程模式，增加更多忠诚的客人是未来酒店企业之间竞争的制胜法宝。

在酒店竞争十分激烈的今天，必须营造轻松、愉悦的氛围，塑造酒店精品意识，追求的服务必须是规范、个性、超值，甚至是令客人备受感动的服务，以满足多层次、多方面、多变化的服务要求。优质的服务主要体现在以下几个方面。

1. 微笑、问候、礼貌

每一位客人在踏入酒店大门时，都希望见到服务员亲切的微笑，热情、真诚的问候，彬彬有礼的举止，这是酒店留给客人的第一印象，也是客人得到尊重的第一感受和情感需求。

2. **高效、规范、准确**

无论是前台登记入住，还是餐厅用餐、客房服务，过久地让客人等待都会使酒店的服务大打折扣，甚至招致客人投诉。99% 的客人都希望入住的酒店提供快捷、规范、精确的服务。

3. **尊敬、关心、体贴**

日本的酒店服务业把对宾客的尊敬、关爱、体贴放在了首位，并贯穿于整个服务之中。见到客人时，亲切的问候、甜美的微笑、90 度的鞠躬、跪式服务、礼让服务等，处处体现出把宾客当成上帝、亲朋来予以尊敬、关心、体贴。在这一点上，国内酒店可以向日本酒店学习。

尊重、关心、体贴是酒店留住老客人，吸引新客人，提高服务质量，与客人建立朋友、亲人般关系的基础，是服务行业经营管理的生命。

4. **诚实、守信、忠诚**

酒店的服务人员不但要尊重、关心客人，还要忠诚于酒店，忠诚于自己从事的服务事业，更要忠诚于宾客，要诚实可靠，守时履约，诚信待客。

5. **安全、舒适、方便**

宾客对酒店的最基本需求可以说就是对安全的需求。客人需要酒店必须有一个良好安全的环境，包括人身和财产安全、设备设施的使用安全、食品卫生安全、电话网络的安全，都必须得到保障。没有安全感的酒店，即使有再豪华的摆设，再优惠的价格，再优良的服务，也不会有客人光临下榻。

6. **特色、文化、创新**

客人对酒店更高层次的需求是希望酒店有特色、有文化，经营服务有创新。比如成都的西藏酒店，中外宾客入住后都给予了高度评价。原因在于该酒店从外观造型到内部装饰都突出体现了西洋文化与藏式文化、现代文明与古老文明的有机结合。

7. **绿色、环保、洁净**

绿色、环保、洁净是客人对任何一家宾馆、酒店提出的基本要求。如果酒店连客人的这点需求都不能满足，那么培养忠诚客人只能是一句空话。

8. **交通、购物、旅游**

客人都希望下榻的酒店能够地理位置优越，交通便捷，周边环境优美，治安状况良好，紧邻城市繁华商业街区，无论是出游、购物、观光、就医还是探亲访友等都能十分方便。

二、提供超值服务，让客人喜出望外

优质服务对于酒店销售业绩的提升有非常重要的作用。酒店服务员不单单要为客人提供服务，更要为他们提供高档次的服务。不仅要满足客人的最基本需求，还要让客人感觉享受，就是强调尊重并理解客人的情感，满足客人的心理需求。通俗来说，就是强调服务人性化，强调快速捕捉并及时满足客人那些“小得不能再小的心理细节”。

在社会和技术日趋进步的今天，不但要以最快的速度推出客人需要的服务，也要尽快挖掘出客人的潜在需求并开创出相应的服务以吸引和保留更多的客人。

美国销售学家维特曾说过，未来竞争的关键不在于企业能生产什么，而在于商品能提供多少附加值。由于社会信息的畅通和市场运作的规范，各家酒店在商品、价格、渠道和促销等方面相互模仿与借鉴，竞争空间日益狭小。同时，随着消费者消费意识的觉醒与消费知识的丰富，商品市场的不断完善与成熟，酒店要想赢得长久的竞争优势，就需要更新原有的销售观念，向更高层次迈进。这种全新的经营理念就是为目标客人提供超值服务。

当然，服务不仅仅是指酒店制造出商品价值和提供服务附加值，更重要的是要创造符合客人价值评判，超出客人期望值的服务，要主动以爱心、诚心、耐心给予客人更多的人性化关怀，为客人建立起友好的亲情关系，增强客人对酒店的信赖感，达到实际上不为其他竞争对手所动摇的地位。

如今是以服务取胜的年代，让客人满意是这个时代酒店活动的基本准则。服务甚至可以说成了一项酒店形象工程。作为一名出色的酒店服务员，你的服务首先就要“超越销售”，不断外延商品的附加值，主动增加服务功能与品种，提供快速便捷的服务，随时做好准备提供各种意想不到的服务和某些特殊服务。其次，要加强对客人的“消费沟通”，向客人提供知识化、信息化的服务。再次，要提供“温馨服务”，以情感化、人性化的销售行为培育客人，让客人时刻感受到实实在在的真诚服务。

具体来讲，一个卓越的酒店服务员要能做到以下几点。

1. 重视客人

不论是酒店还是其他服务行业，重视客人都是非常重要的。拥有忠实的客人群，是一家酒店成功的必要因素。而作为酒店服务员，就更需要重视任何一位客人，让客人享受到满意的服务。

2. 确立超值服务的理念

酒店服务员应该掌握超值服务的理念，以指导自己的服务实践，为客人带来超值享受，确保客人的忠诚度。

3. 耐心细致，态度要和蔼可亲

酒店服务员在提供服务时应该让客人感觉到你是真心为他服务，而不是敷衍塞责。这就要求酒店服务员在提供服务时态度一定要好，对客人提出的问题要及时耐心地解答。良好的沟通是为客人提供良好服务的关键。当客人致电投诉或反映问题时，是希望得到重视，得到帮助。我们要设身处地为客人设想，体会客人的感受。

4. 细心观察，捕捉客人的超值服务点

通过细心观察了解客人真正关心的问题、困难，然后给客人提供帮助，这是赢得客人忠诚最好的办法。服务一定是在自己力所能及的范围内进行，切忌不切实际的承诺或盲目的行动。

5. 做好微笑服务

微笑不是一张职业化的笑脸，而是微笑者积极的人生态度的表现，是他们充盈的内心世界真实、自然的流露。

要相信微笑的力量。微笑往往会给人乐观向上、自信的印象，容易让人产生信任感。因此在微笑之前你需要相信微笑有一种感染人的积极力量，自信的微笑更能打动人。

据说，美国旅馆业巨头、人称“旅店帝王”的希尔顿默默无闻的时候，他的母亲就告诉他，必须找到一种简单易行、不花本钱但长久的办法去吸引客人，才能取得成功。希尔顿最后找到了这个办法，那就是微笑。依靠“今天你微笑了吗”的座右铭，他成了世界上最富有的人之一。

三、做好跟进服务，让客人持续满意

人们在消费之前对产品或服务有一定的想法和要求，这就是期望值。客人将期望和实际情况比较后，如果期望值小于实际值，客人就会感到惊喜满意；如果实际值远远大于期望值，客人就会非常惊喜。

【经典案例】

我有一位朋友小刘，她在广州的一家外企工作。由于要到北京洽谈业务，小刘被派遣到北京工作一个星期。小刘下飞机后住进了君悦来酒店。君悦来酒店向来以周到的服务而备受客人好评。

入住的这几天里，小刘也感到非常满意。由于工作太多，小刘已忙得透不过气来，于是把心思全放在了工作的事情上，甚至忘记了第二天就是自己的25岁生日。

这天晚上，小刘在外忙碌了一整天后，拖着疲惫的身体回到酒店。她还没吃晚餐，于是回到房间后立即打电话到客房部点餐。谁知，早在小刘入住的当天，细心的前台服务人员已在入住登记表中发现了小刘的生日日期，并立刻联系好客房部与餐饮部的同事，分工合作，共同安排为小刘庆祝生日的有关事情，准备要给小刘一个意外惊喜。在接到小刘的电话点餐后，服务人员马上把早已准备好的礼物和贺卡摆放在布置精美的餐车上，并随同小刘所要的食物一并送往客房。

当小刘打开门时，眼前所看到的情景令她惊喜万分。只见服务员推着一辆铺有漂亮的淡紫色花布的餐车进门，车上摆放着一束娇艳欲滴的鲜花，还有一个精美的生日蛋糕，蛋糕上的卡通人物非常可爱。生日蜡烛正在燃烧，整个房间都充满了温馨的气氛。这一切都来得十分突然，还没有等小刘回过神来，服务员已把贺卡递给了她，并微笑着致意："祝您生日快乐！"

这时，小刘才恍然醒悟，今天是自己的25岁生日。她激动地对服务员说："真的很感谢你们为我所准备的这一切，我实在太高兴啦！因为工作太忙，我连自己的生日都给忘记了，但是你们却为我安排得这样细心和周到，谢谢！"

服务员回答道："知道你喜欢我们为你所做的安排，那实在是太好啦！"

一个星期的繁忙工作终于结束了，小刘就要返回广州了。在离开酒店的时候，小刘对前台服务员说："再次感谢你们酒店给了我一个难忘的生日。以后有机会，我一定会再来的。"

前台服务员微笑着回答："欢迎您再次光临！"

四、做好个性化服务，赢得客户忠诚

个性化服务是指酒店提供有自己个性和特色的服务项目，即以客人需要为中心提供各种有针对性的差异化服务及超常规的特殊服务，以便让接受服务的客人有一种自豪感和满足感，并赢得他们的忠诚。

个性化服务不但强调满足客人的个性需求，即在全面考虑客人不同个性与需求的基础上有针对性地设计与提供产品，同时强调表现服务人员的个性，因为客人个性需要的满足有赖服务人员的个性化表现。

随着酒店竞争的日趋激烈，酒店管理者意识到了“服务质量”才是酒店竞争的关键。于是，“个性化服务”成了酒店业竞相提出的口号。

比如，酒店客房日常工作中的个性化服务。绝大多数客人晚上休息时喜欢将遮光窗帘拉合，才会睡得安心，因而客房服务程序中规定对住客房间开夜床。然而有的客人却因一天的工作劳累会一觉睡到天明，为了不影响第二天能准时起来工作，希望将遮光窗帘中间留出一条缝，这就需要细心的服务员发现、分析、判断，在夜床服务时为客人提供满意的服务。

总而言之，个性化服务是一种有针对性的服务，依据各种渠道对资源进行收集、整理和分类，向用户提供和推荐相关信息，以满足用户的需求。

个性化服务要真正体现在酒店日常的管理和服务之中，而不是只表现在某一个具体的项目、一个规章制度或者一个口号上。酒店要建立准确完整的客人档案、加强员工的培训、巩固各部门的沟通协助、不断完善硬件设施。这些都是必须具备的。员工要熟悉酒店规范化程序和各岗位操作规程，了解相关业务知识，善于理解客人的真实需求，注重细节。

酒店餐饮行业是一个竞争十分激烈的行业。在中国，大大小小的餐饮店不计其数，几乎每一天都有新店开张，也有旧店关门。以火锅为例，著名的火锅品牌就有很多，比如小肥羊火锅、德庄火锅、秦妈火锅、东方肥牛王、小天鹅火锅等。而不知名的火锅店就更多了，在任何一条有几家餐馆的街上，我们几乎都能找到火锅店。

所以，下面这个案例中的火锅店海底捞一开业，就面临着激烈的竞争。

【经典案例】

1994 年海底捞在四川简阳成立，当时只有 4 名员工、4 张桌子和 8000 元现金。而今，它在全国各地开了 60 多家分店，拥有 1 万多名员工，年销售额十几亿元，一家旗舰店年营业额就能达到 5000 万元，更令人惊叹的是，一家新店从开店到回本盈利的最短周期只要 6 个月。

海底捞如此迅速地发展，显然不是因为它采用了高端技术。因为，火锅这个行业本身就没有特别的技术含量。火锅的做法向来以简易、便捷著称，只要备好汤料和食材，客人就可以自行涮着吃。海底捞做的也是一种普普通通的火锅，与传统的做法别无二致，因此，它选择的是一个起点很低，技术含量并不高的行业。

既然海底捞选择的行业没有特别之处，那么它的火锅是不是非常特别呢，比如说，火锅的味道、门店的装修等？

其实，海底捞的火锅味道并没有特别之处。虽然在海底捞成立之初，董事长张勇曾经在火锅的味道上下过一番工夫。据张勇的母亲讲，那个时候他看过很多关于火锅的书，并且研究过各种各样的火锅底料。为了保证火锅汤的味道独到，他每天都到詹婆婆煮鹅的锅里舀鹅汤兑火锅汤。然而，海底捞至今也没有把火锅的味道做到上乘。吃过海底捞火锅的客人都知道，它的火锅味道并没有过人之处。

另外，海底捞在门店的装修上也没有超乎寻常的地方。与那些豪华的高档酒店相比，它的装修只能算是中档水平。除此之外，海底捞的经营人才跟其他的普通火锅店别无二致，都不是高学历和高科技人才，而是大多来自农村，学历只有小学、初中或中专。

总之，从表面上看，海底捞就是一个普通的火锅店。那么，它凭什么在激烈的竞争中脱颖而出，赚取大量的利润呢？

这时候肯定有人说了，海底捞赚钱靠的是服务。的确，超值的个性服务是海底捞最大的特色。当客人在海底捞等位区等待的时候，热心的服务员会立即为你送上西瓜、橙子、油炸虾片等各种小吃，还有豆浆、柠檬水等各种饮料，这些东西都是无限量免费提供的。

除此之外，客人还可以在这里打牌、下棋或者免费上网。更令人惊喜的是，客人在这里还可以享受到免费擦皮鞋和修指甲的服务。

以上只是海底捞特色服务的冰山一角。进入海底捞，你会发现，从停车泊位、等位、点菜、中途上洗手间到结账走人全流程的各个环节都散发着热情服务的光芒。由于例子太多，我们就不详细叙述了。

独具特色的个性服务，确实可以让企业在激烈的竞争中脱颖而出。

五、优秀员工的服务技能诀窍

衡量一个服务员是否优秀，除了要看其是否具备一定的专业知识和微笑服务两项“硬指标”外，还要看是否具备了下面十种服务技能。

一个优秀的酒店服务员除具备专业化、流程化、个性化服务品质外，下面十项服务更是其超越自我、追求卓越的表现。

1. 真情服务

在向客人提供服务时，热情不能少，真情更可贵。在服务的全过程中，热情很容易做到，但要做到真情自然流露可没那么容易，搞不好还会弄巧成拙，画蛇添足。

所谓真情服务，就是要求服务员把客人当作自己的亲人一样看待，真心实意、心甘情愿地为客人服务，发乎情，发乎心，不矫揉造作，不惺惺作态，一切在自然而然中体现出好客之道和服务技巧。

2. 随时服务

随时服务也叫随机服务。服务员在向客人提供服务时，有量化的服务分工、服务流程、服务标准、服务时限，这些都是做好服务的基本要素。但如果仅仅囿于条条框框的服务体系，而生搬硬套、墨守成规，服务的价值就会大打折扣。

例如，客人问餐饮部的服务员酒店医务室应该怎么走，若服务员借口手头活忙而随手一指，随便应付一下了事，就会给客人先期良好的服务印象留下遗憾甚至反感。这是服务员随时服务意识不强的表现。

可以说，随时服务是一种主动服务的表现，是规范化服务程序中没有固定公式的服务。

3. 超值服务

每一个客人进入一家酒店之前，心中都装着一个服务期待值，例如期待饭菜可口、物美价廉，住得卫生、舒适、安全，娱乐项目齐全、富有特色等，这些都是基本的期待值。如果能够让客人满足，就算是初步完成了酒店与客人的心理融合和价值认同。

如果客人再次光顾的时候，酒店能够做到出品更好，服务更周全，服务项目更精彩，甚至能够记住客人的名字和固定消费偏好等，客人就更会有物超所值的感觉，久而久之，该客人必定会成为酒店忠诚的客户。

4. 精细服务

俗话说，“细微之处见精神”，酒店服务无大事，多是一些细微琐碎之事，但小事做细做精才能达到做好，做不细做不精就可能做不好。因此，酒店服务要在细微之处下工夫。

比如，广东亚洲国际大酒店的客房服务员在碰到外地客人询问“××地方如何去”时，不是简单地指一下方向和道路就了事，而是拿出一份市内地图，详细介绍其方位、坐车路线、里程数、可能碰到的相同地名或相似建筑物名称等，令客人一目了然，倍感其服务之细微和精确。

5. 距离服务

酒店服务不仅要热情，还要得体，把握好服务的分寸和距离，该到位时要到位，该保持一定距离时要保持一定距离，既不太近也不太远。

例如，一对情侣在某酒店西餐厅共进烛光晚餐，两个服务员在情侣左右“殷勤”备至，一会儿加水，一会儿换碟，弄得情侣兴趣索然、扫兴而归。

还有卫生间的员工，目不转睛地站在客人旁边盯住客人，热情过了头，让人无所适从……

距离产生美，太近或太远都是不适宜的，能否掌握好分寸是衡量员工是否灵活与优秀的标准之一。

6. 无形服务

在向客人提供服务的过程中，既要提供有形的服务，也要提供无形的服务。也就是说，在一些特定的服务过程中，无形服务更能满足客人的潜在需求。

例如，利用客人去餐厅吃晚饭之机开夜床，就比客人在时开夜床效果好得多。如果此时再附送一枝玫瑰放在床头，比当面送一大束花的效果还要好，浪漫与温馨在不经意间表露无遗，怎不令人难忘呢？

7. 贴心服务

服务虽有距离、间隔、频率、标准之分，但不能因为服务形式与内容不同就疏忽了贴心服务。客人虽有老幼、男女、国籍之分，但都有一个共同的愿望，那就是得到服务员的贴心服务，尤其是心灵的融通与安慰，一解离乡之愁和离别之苦。

广东亚洲国际大酒店的一个服务员无意中发现一位年轻女客人情绪低落，按正规服务程序来讲，服务员可以不予过问，但是该服务员并没有这样做，而是一边与客人拉家常、套近乎，一边了解客人情绪低落的原因，后来得知该客人因失恋而买了很多安眠药，企图在酒店殉情……因为该服务员的及时纾解，最终打消了年轻女客人的轻生念头，并赢得了客人的赞赏和对酒店的忠诚。

贴心服务换来的是一片真情，可敬可赞！

8. 婉拒服务

不管任何酒店，在满足客人需求方面，都不是无限度的，而是有限度的。因此，对于提供不了的服务或客人的非理性要求，服务员要学会使用委婉的拒绝艺术，而不是简单而生硬地告知“没办法做到”、“酒店没有这项服务”、“不可能提供”等。

例如，我就曾目睹这样的场面，某外国客人要求楼层女服务员帮忙找一个小姐，该服务员虽然感到脸红，但并没有简单地回答“不行”，而是婉言道：“先生，对不起！在中国提供这样的服务是法律不允许的，也是不道德的，请自重吧！”

理性的约束，温馨的拒绝，外国客人并没有因为没有满足自己的要求而责怪这名服务员，反而竖起大拇指，赞扬该服务员不辱国格和人格的高尚情操。

可见，婉拒服务也是服务员的一项重要修炼。

9. 远程服务

不要以为酒店服务都是即时服务、当面服务，在当今信息化时代，酒店也有远程服务。例如，客人通过互联网预订、远程电话预订、传真预订、第三方预订等，虽然见不了客人的面，甚至信息交流不对称，但是服务的快慢与好坏同样影响酒店的声誉。

因此，作为酒店服务员，不仅要当面做好客人的服务工作，还要能够充分利用先进的销售网络及时做好远程服务，为酒店创造无限商机和赢得客人的赞誉。

10. 错位服务

虽然酒店服务分工明确，各司其职，但是难以避免出现交叉服务的可能，因为客人的即时消费可能发生在酒店的任何地方、任何情境下。这个时候，就会出现错位服务现象。

如果一名服务员缺乏一定的应变能力和专业知识，就会手忙脚乱，疲于应付，错失为酒店赚钱的好机会。

例如，某酒店的一名客人兴之所至，突发奇想，要在客房里摆一桌酒席，招待来访客人，要求餐厅出菜肴，客房服务员服务。

按说客房员工对端盘子之类非“专业对口”，但该客房服务员综合平时了解和看到的餐饮服务技巧，对客人服务起来细心认真，似模似样，还超出了客人的预期，满足了客人的要求。

所以，一个优秀的服务员先是专才，然后是全才。当然，错位服务若情非得已，不可乱用。

综上所述，服务之巧，存乎一心；服务在于灵活变通，不可刻舟求剑，顾此失彼。

第三节　优秀服务员要能说、会说、巧说

很多人去酒店消费后都有这样的感慨：不少酒店的服务员都不太会说话。第一次去酒店时服务员的问候语是“先生，您好”，第二次去时问候语是“先生，您好”，第三次去时问候语还是“先生，您好”！

去同一家酒店，面对同一个服务员，问候语都是一样的，难道就不能加上点亲切的问候吗？比如这样说：“王先生，您好！好久不见，您越来越精神了！”这样的问候语不是更能让客人开心吗？

最不能容忍的是有些酒店的服务员站得像兵马俑一样，一动不动，客人从他们身边走过，他们一点儿反应都没有。如果一直以这样的方式招待客人，客人是不会愿意再次光临的。

怎么说才能让客人更开心？其实很简单，优秀的服务离不开良好的口才，优秀的服务员要能说、会说，还要巧说。

一、什么才是好的服务语言

服务语言是酒店服务员在为客人提供服务时使用的沟通语言，是酒店服务的重要内容，也是酒店提升服务水平，展现企业良好服务形象，提高客人满意度的重要措施。

服务员必须对酒店的基本服务语言的内容和技巧有很清晰的了解，才能在为客人提供服务时尽量减少不必要的语言失误和误会，并为酒店树立起标准化、职业化的服务形象。

1. 服务语言形式上的要求

酒店服务员的服务语言在形式上主要有四个要求。

第一，恰到好处，点到为止。服务语言不是演讲，酒店服务员在服务时只要清楚、亲切、准确地表达出自己的意思即可，不宜自己多说话，而要启发客人多说话。这样做的目的在于让客人在酒店得到尊重，得到放松，释放他们的心理压力，尽可能地表达自己消费的意愿和对酒店的意见。

第二，有声服务。服务过程中不能只有鞠躬、点头，没有问候；只有手势，没有语言的配合。很难想象，如果服务员提供没有声音的服务，这是多么可怕的一件事情，是缺乏热情与没有魅力的。

第三，轻声服务。我们看电视的时候，经常看到店小二的吆喝服务，鸣堂叫菜、唱收唱付，这是传统的服务。而现代酒店餐饮服务则讲究轻声服务，特别是比较高档的酒店，很注重为客人保留一片宁静的天地，要求服务员要“三轻”，即说话轻、走路轻、操作轻。

第四，清楚服务。一些酒店服务员往往来自乡下，由于性格过于腼腆的原因，或者普通话讲得不好，一开口都是满满的乡土味，在向客人提供服务的过程中不能提供清楚明了的服务而造成客人的不满。比如服务员在报菜名时就经常让客人听得一头雾水，不得不再问。由此，妨碍主客之间的沟通，耽误正常的工作。

而有些地方风味和风格突出的酒店为了显示个性，采用方言服务，也会妨碍主客之间正常的交流。即使这类酒店的服务员也应该会说普通话，以便于用普通话和方言灵活服务，既能体现其个性，又能使交流畅通无阻。

2. 服务语言程序上的标准要求

服务语言程序上的标准要求包括：宾客来有迎声；宾客离有别声；客人帮忙或表扬时有致谢声；客人欠安或者遇见客人的时候有问候声；服务不周有道歉声；服务之前有提醒声；客人召唤有回声。

在程序上对酒店服务员的服务语言作相应的要求，有利于检查和指导服务员的语言规范性。

二、如何提高服务语言的水平

1. 称谓语

称谓语有很多，比如小姐、先生、夫人、太太、女士、大姐、阿姨、同志、师傅、老师、大哥等。称谓语服务语言要求做到：恰如其分；清楚亲切；

吃不准的情况下，对一般男士称先生，女士称小姐；灵活变通。

比如母亲和女儿一起来酒店消费，服务员如果称女儿为小姐，再称其母也为小姐就不太恰当，这时应该称其阿姨或女士了。

有一定身份的女士来酒店消费时，服务员称其为小姐似乎分量不够，这时就可以称其为老师或女士。

有身份的客人第一次来用餐，称其为先生是对的，但如果已知道他是张总、赵总或钱局长、孙处长，再称他为先生就不恰当了，因而酒店服务员必须记住老客人的姓氏和职称、职务，并以此相称呼。

2. 问候语

问候语也多种多样，比如，先生，您好！早上好！中午好！晚上好！圣诞好！国庆好！中秋好！新年好！

问候服务语言要求做到以下几点：

第一，注意时空感。问候语不能千篇一律，不能都是“先生，你好”，要让客人有时空感，让客人听起来不觉得单调、乏味。例如，中秋节时对客人说“先生，中秋好”，就强化了节日的气氛。

第二，把握时机。服务员在向客人问候时，离客人1.5米的距离进行问候最为合适。对于距离远的客人，只宜微笑点头示意，不宜打招呼。

第三，配合肢体语言。服务员对客人只有问候，没有点头或鞠躬的配合是不太礼貌的。比如，客人在问路时，如果服务员既用了远端手势，又对客人亲切地说：“先生请一直往前走，右转弯就到了！”客人的感觉就会好很多。

另外，客人进门时，服务员只宜表示欢迎，然后说：“先生，请随我来！”到了大厅或者电梯里后，才能深入询问。

例如，餐饮服务员问一位去餐厅消费的客人：“先生，我怎么称呼您?”当对方说“我姓孙”时，服务员接着说：“孙先生您今天几位呢?”这样话题就可以深入下去。

3. 征询语

比如：“小姐，请问我能帮助您做点什么吗?”“先生，您看这样可不可以?”

服务员在向客人提供服务时，最忌讳不征询客人的意见而擅作主张，这会令客人对服务员的服务质量非常不满。

三、如何提高接待、应答的技巧

尽管你对工作非常尽心，对客人也无比热情，但还是会遇到一些客人对你沉着脸，或事事与你作对，甚至投诉到你的上司那里去。难道这些客人在无理取闹？到底是谁点燃了“上帝愤怒的火焰”？主要原因有以下几个方面。

第一，因酒店产品品质引起的投诉。当酒店有诸如饭菜质量不佳、客房功能欠缺、价格失当等问题时，客人就会提出投诉。这种投诉是客人合理合法的投诉，对于酒店服务员来说，应该实事求是地予以解决。

第二，因服务方式、态度引起的投诉。这是最容易招致客人投诉的原因之一，比如说服务态度不好、服务礼仪不当、服务信誉不佳，都可能招致客人的投诉。比如说言语不当、反应不得体，还有不关注客人的反应，不理会客人的疑问和异议，等等。

如果客人的抱怨是正常和合理的，应该如何处理呢？酒店服务员在面对客人的抱怨时，需要有良好的接待、应答技巧，以提高服务质量，正确的做法就是“先处理客人的情感，再处理客人的投诉”。具体来说，整个投诉处理的过程可以分为以下四个阶段。

1. H（Hear）：有效倾听，接受批评

在接待和处理客人投诉时，服务人员首先要做的就是耐心倾听，让客人把他心里要说的话说完，随意打断或者插话都有可能引起客人的反感。让客人尽诉其不满，并以肯定的态度诚恳地听完，至少可以让客人在精神上得到一丝安慰。如果我们一味地打断或者辩解，只会使客人在心理上产生反抗情绪，甚至变得激动，无法控制。

2. A（Apologize）：巧妙道歉，平息不满

客人既然有所投诉，必然有所不满，无论是什么原因，服务人员都应该对客人进行道歉。如果服务人员能够巧妙道歉，那么投诉事件就可能得到有效的平息。否则，很可能会将事态扩大，负面影响也将扩大。

3. K（Know）：调查分析，提出方案

处理客人的投诉不能仅仅局限在倾听和道歉上面，还应该切切实实地对客人所反映的情况进行调查分析，提出正确的解决方案。这就要求服务人员善于听出客人投诉的话外之音，了解客人投诉的真正动机。

4. S（Solve）：执行方案，再次道歉

在处理客人投诉时，一旦了解到客人投诉的真正原因，就应尽快着手处理，不仅要提出可执行的方案，还要对客人再次道歉，特别是当客人离去的时候，一定要再次表示歉意。客人之所以会投诉，是因为他们对服务不满，服务人员应该从“保证客人满意”这一服务理念出发，认真谨慎地对待每一次客人投诉。

中国有句古话：“一诺千金。”酒店服务员在与客人沟通中要守信，说到就一定要办到，这样才会赢得客人的信任，客人也才会遵守承诺。“承诺的事情一定要做到!”这句话现在已经成了很多酒店服务员的信念，因为他们知道，要想和客人永远在一起，就一定要守信。

酒店服务员应始终记得：提供给客人的永远超过承诺给客人的，千万不要做过分、过多的承诺，而应管理好客人的期望值！有些服务员只要客人提出要求，认为差不多能做到就立即答应，结果呢？造成客人的投诉和抱怨，甚至永远失去这个客人，所以欲速则不达。

不仅承诺的事情要做到，还要诚实正直，要知道没有人愿意与虚伪的人长期合作。现在的信息很发达，客人可以通过多种渠道对酒店进行了解和考察。

对竞争对手的评价，最能折射出酒店服务员的素质和职业操守。遇到客人询问竞争对手时，服务员最好保持客观公正的态度进行评价，不隐藏其优势，也不夸大其缺点，让客人从你的评价中感受到你的素质和修养。记住：贬低别人并不能抬高自己。

诚实、正直、信守承诺、实事求是、客观公正，这些闪亮的品质都会帮你在客人那里获得加分。当然，有了这些还是远远不够的，还要充分利用多种交流方式，让客人和自己紧紧地黏合在一起。

第二章

上岗准备，
你知道最需要准备什么吗

要成为一流的酒店服务员，从上岗准备那一刻开始就需要全身心投入，一是了解你的岗位职责情况，二是熟悉酒店的整个管理制度和企业文化，三是学习酒店对服务员的仪容、仪表、仪态规范。

第一节　了解你的岗位职责

一、酒店的基本情况

对“酒店”一词的书面解释可追溯到200多年以前，早在1800年，《国际词典》一书中写道：“酒店是为大众准备住宿、饮食与服务的一种建筑或场所。”

一般来说，酒店就是给宾客提供住宿和餐饮的场所。酒店是以其建筑物为凭证，通过出售客房、餐饮及综合服务设施向客人提供服务，从而获得经济收益的组织。

1. 了解酒店发展的四个阶段

第一个阶段是客栈时期，产生于18世纪以前。客栈的设备简陋、安全性差，仅能提供住、吃，服务质量差。

第二个阶段是豪华酒店时期，产生于19世纪初。第一家豪华旅馆别墅在法国建成，这时的酒店主要接待王公贵族、达官显贵、商人、上流社会度假者，接待目的为非营利，常建于城市，铁路沿线。

第三个阶段是商业酒店时期，在20世纪初至“二战”期间。第一家商业酒店在美国出现，此时的酒店已能提供舒适、便利、清洁的服务，安全为服务宗旨，价格合理。

第四个阶段是现代酒店时期，始于20世纪40年代，直到现在。此时的酒店具有一些明显的特点，如酒店连锁经营，宾客要求酒店提供更为个性化的服务，酒店的市场定位更为专业化，各类型酒店充分发展。

2. 酒店按经营性质分类

（1）商务型酒店。这类酒店以商务接待为主，为客人提供商务活动服务。

这类酒店的客人对酒店的地理位置要求较高，要求酒店靠近城区或商业中心区。商务型酒店的客流量一般不受季节变化的影响。商务性酒店的设施设备齐全，服务功能较为完善。

（2）度假型酒店。这类酒店以接待休假的客人为主，多兴建在海滨、温泉、风景区附近。其经营的季节性较强。度假型酒店要求有较完善的娱乐设备。

（3）长住型酒店。为客人提供较长时间的食宿服务。此类酒店客房多采取家庭式结构，以套房为主，房间大者可供一个家庭使用，小者有仅供一人使用的单人房间，既提供一般酒店的服务，又提供一般家庭的服务。

（4）会议型酒店。这类酒店以接待会议旅客为主，除食宿娱乐外，还为会议代表提供接送、会议资料打印、录像摄影、导游等服务。这类酒店需要有较为完善的会议服务设施和功能齐全的娱乐设施。

（5）观光型酒店。这类酒店主要为观光旅游者服务，多建造在旅游点，经营特点是不仅要满足旅游者食住的需要，还要求有公共服务设施，以满足旅游者休息、娱乐、购物的综合需要，使旅游生活丰富多彩，旅游者得到精神上和物质上的双重享受。

（6）经济型酒店。这类酒店主要为旅游出差者预备，其价格低廉，服务方便。相比于其他类型的酒店，经济型酒店的特点是客人来得快走得也快，总体节奏较快，实行住宿者和商家互利的模式。

（7）连锁酒店。连锁酒店可以说是经济型酒店的精品，诸如莫泰、如家等知名连锁品牌酒店，占有的市场份额也是越来越大。

（8）公寓式酒店。这种酒店吸引懒人和忙人，是酒店式服务公寓，最早始于1994年的欧洲，意为“酒店式的服务，公寓式的管理”，是当时旅游区内租给客人临时休息的物业，由专门管理公司进行统一上门管理，既有酒店的性质又相当于个人的临时住宅。公寓式酒店既能给客人提供殷勤服务，又能让客人享受到居家的快乐。客人不仅有独立的卧室、客厅、卫浴间、衣帽间等，还可以在厨房里自己烹饪美味的菜肴。

3. 酒店按星级标准分类

（1）一星酒店。设备简单，具备食、宿功能，能满足客人最简单的旅行需要，提供基本的服务，属于经济等级，符合经济能力较差的旅游者的需要。

（2）二星酒店。设备一般，除具备客房、餐厅等基本设备外，还有卖品部、邮电、理发等综合服务设施，服务质量较好，属于一般旅行等级，满足旅游者的中下等的需要。

（3）三星酒店。设备齐全，不仅提供食宿，还有会议室、游艺厅、酒吧间、咖啡厅、美容室等综合服务设施。每间客房面积约20平方米，家具齐全，并有冰箱、彩色电视机等。服务质量较好，收费标准较高，能满足中产以上旅游者的需要。这种酒店在国际上最受欢迎，数量较多。

（4）四星酒店。设备豪华，综合服务设施完善，服务项目多，服务质量优良，讲究室内环境艺术，提供优质服务。客人不仅能够得到高级的物质享受，也能得到很好的精神享受。这种酒店通常被称为一流水平的酒店，收费很高，主要是满足经济地位较高的上层旅游者和公费旅行者的需要。

（5）五星酒店。这是旅游酒店的最高等级。设备十分豪华，设施更加完善，具备各种各样的餐厅，还有较大规模的宴会厅、会议厅，综合服务比较齐全，是社交、会议、娱乐、购物、消遣、保健等活动中心。环境优美，服务质量要求很高，是一个亲切快意的小社会。收费标准很高，主要是满足政府官员、社会名流、大企业管理人员、工程技术人员、专家、学者的需要。

4. 酒店部门设置

刚上岗的服务员必须先了解酒店的部门设置。世界各地的酒店不论等级如何，大都拥有以下几个部门。

（1）前厅部：一般位于酒店一层的大堂，为客人提供办理订房、咨询、入住登记、行李存放等一系列服务。客人在酒店中遇到任何问题都可以向前台服务人员进行询问。此外，酒店前台还可以为客人提供叫早、订车以及其他代办服务。

（2）客房部：酒店入住的舒适度与客房部提供的服务密不可分。这主要表现在客人入住房间的整洁卫生、用品齐全、设施完好等方面。此外，客房部还为客人提供热水、冰块、洗衣、熨衣等服务。

（3）餐饮部：多数酒店都拥有两至三家的餐厅、咖啡厅、酒吧等，为客人提供餐饮方面的服务。由于酒店讲究的是服务质量，所以价格也比较昂贵。

（4）保安部：保安部主要负责客人的安全。如遇强行兜售、倒汇换汇、黑车宰客、偷盗等情况发生，均可向前台及保安人员求助。

（5）康乐部：分为健身房、器械健身、球类健身、游泳、桑拿、按摩、卡拉OK、舞厅、表演、美容美发、化妆等服务。

（6）医疗服务：一般高星级的酒店都设有医务室，但只为宾客治疗常见的小病、小伤，对严重的或判断不准的疾病伤痛，将负责替客人联系就近的大医院进行救治。

二、酒店服务员的工作岗位

酒店的基本设施决定了酒店的接待能力和条件，酒店设施的标准和数量标准决定了酒店的档次。

酒店属于服务行业，酒店的特点决定了酒店的经营时间，一般为每天24小时不间断服务，因此可把酒店运作机制分为服务运作机制和保障运作机制两大部分。运营设施包括前厅接待、客房接待、餐饮部接待、娱乐服务等，经营保障设施主要包括内部运行保障设施、工程保障设施、安全保障设施等。这两大运作机制的具体设置对应了酒店服务员不同的工作岗位。

1. 前厅接待

具有与本酒店规模和标准相适应的前台接待条件，包括前台接待大厅、总服务台（含接待处、问询处、收银处）、商务中心、贵重物品寄存处、大堂副理接待处等。

2. 客房接待

具有与本酒店规模及标准相适应的客房设施，包括单人间、标准间、豪华套房、总统套房等。

客房内应配有与酒店星级标准相对应的客用设施，如梳妆台、衣柜、床、座椅、沙发、床头控制柜等配套家具；每间客房设有单独卫生间，卫生间内一般配有坐式便器、梳洗台、冷热水设施；每间客房都具有能够保证或调节温度的分体空调或中央空调；每间房间都配有电话，可直拨或通过总机挂通国内或国际长途电话；每间客房都配有电视机和音响设备；每间客房内都配有一定数量的文化用品，如信纸、信封、明信片、城市地图、针线包、酒店指南；每间客房内还配有一定数量的卫生用品，如牙刷、牙膏、肥皂、洗发水、润发露或护发素、浴帽、擦鞋器等。当然，这些客用设施都是根据酒店星级的不同而相应增减配套的。

3. 餐饮部接待

具有与本酒店规模及标准相适应的中餐厅、西餐厅及所必需的饮食供应设施，包括餐具、炊具、家具、厨具以及各种饮食器皿等。

4. 娱乐服务

具有与酒店规模配套的歌舞厅和各项设备设施，及其附设的酒吧服务设备设施；保龄球场及其设备设施；桌球室及室内桌球设备设施；电子游艺室及其各种电子游艺设备设施；游泳池及各种附属和辅助设备设施；健身室及各种健身设备和器材；桑拿浴、按摩室及各种配套设施；等等。

5. 经营保障

（1）内部运行保障设施：如员工宿舍、员工俱乐部、员工食堂、员工更衣室、员工通道等。

（2）工程保障设施：如备用发电设施，供水、排水设施，变电、配电设施，空调冷冻设施，热水供应设施，洗衣房及其所需的设备设施。

（3）安全保障设施：如对讲通信设施、消防指挥设施、消防监控设施、事故广播设施、各种灭火器材等。

三、酒店服务员的主要职责

服务员入职酒店以后，尽管从事最基层的服务工作，但是在日常的工作中经常会涉及与别人的协作和配合，因此，服务员必须了解酒店的机构设置情况。尽管各酒店的规模和经营管理方式不同，机构设置不完全一致，但是基本部门和机构不会有很大差别。

酒店的管理层次与其他企业一样，呈金字塔形，从塔底到塔顶，由宽到窄。管理的幅度则是越往上层管理难度越大，管理的幅度越小。

现在，国内酒店通常采用直线职能制管理。在该管理体制中，任何一级领导、管理人员、服务员都要明确自己的业务范围、工作职责及本人应该具有的工作技能和知识。酒店管理体制一般分为以下四个层次。

1. 服务员操作层

酒店要为客人提供高质量的服务，必须通过服务员的服务来体现。因此，服务员的素质、个人形象、礼仪、礼貌、语言交际能力、应变能力、服务技能和服务技巧等，是酒店提高服务质量的重要元素。

总之，酒店服务员要根据自己的岗位责任的规定来明确自己的职责范围、服务程序、服务质量标准和应该具备的服务技能及理论知识，向领班负责。

2. 督导层

领班主要负责安排日常工作，监督本班组服务员的服务工作，随时检查其服务是否符合本酒店的服务质量标准。作为领班，还要随时随地协助本班服务员进行工作或代班服务。特别是在服务高峰的时候，或是服务人员缺少的情况下，领班要亲自参加服务工作，因此领班必须具有较高的服务技能和服务技巧，是本班服务员的榜样，是服务现场的组织者和指挥者。否则，他就不具备领导本班服务员的权威。主管对部门经理负责，领班对主管负责。

3. 部门经营管理层

部门经理主要负责本部门人员的工作分工、领导、指挥和监督，同时还负责制订本部门的工作计划，向上一级汇报本部门的工作，确定本部门的经营方针和服务标准，以求得最大的经济效益。

酒店部门经理不仅要有组织管理能力、经营能力、培训能力，熟练掌握部门的服务标准、服务程序，同时还要具有实际工作经验和一定的服务技能。部门经理对总经理负责。

4. 总经理决策层

酒店的总经理主要负责制定企业的经营方针，确定和寻找酒店的客源市场和发展目标，同时对酒店的经营战略、管理手段和服务质量标准等重大业务问题作出决策。

此外，酒店总经理还要选择、培训高素质的管理人员，负责指导公关宣传和对外的业务联系，使酒店不断提高美誉度和知名度。总经理对董事会负责。

四、前后工序环节

1. 酒店餐饮服务工序环节

根据酒店的规章制度，服务员在领班的指导下，按照酒店制定的服务标准为客人提供餐饮服务，使客人满意并做到无任何投诉，即根据酒店既定的“贵宾至上，零投诉”的准则进行餐饮服务。

主要职责包括：按照餐厅服务标准和程序为客人提供餐饮服务；清洁和保养所属区域内的设备、工具；准备和调制含酒精和非含酒精的饮料；懂得不同类型的酒及不同酒的服务方法；完成当班主管分配的其他任务，以使客人满意并创造利润。

技术责任包括以下 15 个方面。

（1）酒店服务员需要穿规定的工作服上班，并保持良好的精神面貌。

（2）上班前向领班报到，并得到指示，如楼层分配、菜单的更改、客人的评语和投诉。

（3）在规定时间内完成备料台工作：检查所有盘子、推车、餐具、玻璃器皿、台布等是否清洁并摆放整齐；检查所在区域地面是否干净；检查服务台摆放的东西是否齐全，包括玻璃器皿、瓷器、盘子等。

（4）了解菜单上所有的食品和饮料、推销的菜式、每日特色菜单及其成分、准备方法、搭配分量与外观。

（5）随时带笔和打火机。

（6）客人进餐厅后向他们问好并安排入座。正确地给客人点菜，并每次确认所点的菜。

（7）学会给客人提供建议，以促进餐饮部的销售，同时增加客人的满意度。

（8）完成点菜单和酒水单，并交给主管送到厨房。

（9）根据点菜单从厨房取菜，从酒吧取饮料。能够按照餐厅已制定的服务规则进行餐饮服务。上菜时要同时上齐所需餐具、调料。

（10）确认客人满意，如有投诉应立即通知领班和部门经理。

（11）不被注意地关注客人，提供各种所需的额外服务。

（12）用收银夹提供账单。用收银夹即时将找钱返回客人。

（13）将客人领出餐厅并表示感谢。

（14）将分配区桌子清理并再次铺台。

（15）下班前清洁、补充服务区用品，会使用餐厅所有的设备，能进行宴会服务、客房服务及其他餐厅服务。

2. 酒店客房服务工序环节

（1）按楼层领班安排的段落上班，上班时的工作活动不能超越此区。

（2）对该区域的服务及客房管理负全部责任，包括该区客房的卫生清洁和公共区域卫生、对客服务、房间保养和突发事件等，了解该区内的所有客房实际状态。

（3）确保楼层安全、安静，留意一切有异常举动和需要服务或特别照顾的客人，及时提供必要的帮助，做好一切记录和交班。

（4）负责该区内的退房检查工作，及时将检查情况报告给前台收银，所有状况都要报到办公室。

（5）在客房内发现遗留物品，不论价值大小，都应记下房间号码、客人姓名、日期，送到管家部登记保管。

（6）向当值领班汇报辖区内的维修项目和卫生达不到要求而自己不能完成的事项。

（7）具备吃苦耐劳的精神，能够迅速而高效地完成上司交给的各项任务，工作中不浪费资源。

（8）严格遵守酒店各项规章制度，服从上司管理，遇到自身不能解决的问题及时向上反映，切忌自作主张。

（9）熟练掌握客房清洁工作流程和服务程序，工作迅速，具有良好的工作效率，对本职工作认真负责。

3. 酒店前台服务工序环节

（1）检查并处理前一天的工作情况：查看交班记录，了解未完成的工作事项；检查夜审报表情况，检查各种报表的分送登记，查看夜班钥匙清点记录和有无过夜的留言信件；分析分房误差原因，查阅有无超越权限的房价签字等。

（2）了解并处理当天的主要工作：贵宾抵离情况和宴会、活动通知；当天进店团体、散客情况，当天离店团体、散客情况；当天客房销售余缺情况；等等。

（3）布置工作任务：向领班布置当天的主要工作；落实贵宾抵离和宴会活动的工作及注意事项；布置上级下达的临时任务和下达当天分房的基本要求等。

（4）检查日常工作：内宾登记表和外宾登记表；订单保存和介绍信、会客登记、邮件、留言传递及发送；员工仪容仪表和领班安排的员工替换吃饭情况；权限、价格执行情况，设施设备的维修情况及卫生，阅览架陈列；资料存档。

（5）主持例会：评价当天工作，布置工作任务，公布新的规定，通报有关情况，传达有效通知等。

（6）检查工作完成情况：次日离店表、延长离店表和客房误差表；检查工作的完成情况及其他。

（7）思考及了解：当天未完成的工作和明日工作计划；问题处理及与有关部门的协调；明日贵宾抵离活动情况，明日客房出租和余缺情况及其他。

（8）下班交接：主要是未完成事项和工作要求。

4. 酒店娱乐服务工序环节

酒店娱乐部服务员的岗位职责要求：优质高效地完成娱乐部各岗位的对客服务工作，满足客人的需求，主要包括以下六个方面。

（1）负责做好班前准备和下班交接工作。参加班前例会，领受工作任务，认真做好班前准备工作，包括：每日班前检查安全状况，察看有无异常；清洁整理环境及娱乐设施；检查娱乐场所的光照度、温度是否适宜，各类电器设备运行是否正常，各客用物品准备是否充分；检查并解决上班次遗留问题。

（2）负责办理登记手续，为客提供贮物柜。核实宾客的预订情况，迅速、准确地填写客人登记卡，注明进场时间；根据客人需要提供娱乐工具及贮物柜；要求态度诚恳、友好。

（3）负责娱乐场所的清洁与安全工作。对客人用品应每日班前检查、班后清洁，做到"一客一用一检查"；保持环境整洁，温度宜人，照明适度；班前班后检查电器、防火器材及环境状况，定期配合部门保养维修，预防和杜绝事故隐患；谢绝和劝阻闲杂人员进入，做好防盗、防破坏工作；遵守规章制度，全面详细做好交接班记录。

（4）负责为客人提供预约、接待、咨询、饮料及收银服务。分时段办理客人预约，避免重复安排；视客人需要提供咨询、指导和适度的陪练服务；适时提供与促销酒水；准确、迅速地结账收银；检查收回的客用物品，如有设备、物品损坏，应照价赔偿。

（5）负责娱乐场所食品饮料的配备与管理。具有爱惜财产、节约成本的意识，做到每日清点检查，及时报损补充；详细准确地填写领用与使用登记；杜绝浪费，减少损失。

（6）负责了解客人意见与建议，收集信息，及时向上级反映。与客人建立友好的沟通气氛，注意听取意见，收集信息，以利改进；对存在问题采取措施，及时答复客人，并向上级汇报。

第二节　熟悉酒店环境

我国大部分中小型酒店服务管理不规范，缺乏科学化、制度化、标准化，员工存在情绪化服务倾向。中国酒店业应克服自身缺点，对内重视人才，孕育独特的酒店文化；对外推崇服务质量，形成系统的市场发展战略，全面打造民族化的酒店品牌，形成强大的核心竞争力。

一、熟悉酒店的管理制度

酒店经营的宗旨就是要为客人提供最便捷、最优质的服务，这一定少不了优秀的服务员。对于服务员的管理，每个酒店都有不同的管理制度。服务员在入职后，要熟悉所在酒店的管理制度。以下是酒店服务员管理制度的范本，可供参考。

准时上下班，提前10分钟到前台报到，由领班召开班前会，布置当日工作任务及注意事项。上班时保持微笑，不可因私人情绪而影响工作。

仪容仪表要符合员工手则的要求，女员工不留披肩发，男员工不留胡须。员工用膳应在指定地点，不得随意在工作区域吸烟，吃零食。上班时不得打私人电话。

员工不得进入客房休息、洗澡、看电视等。客房钥匙须随身携带，不得随意放置。

在工作区遇到客人应礼貌问候“您好”；保持工作区域的整洁和安静；与客人说话时，声音以对方听清为限；同事间交谈不得大声喧哗，严禁在走廊内大声叫喊。

听从上级在工作上的安排，上班时间严禁会客，或与同事闲聊。与同事相处要友好合作，不发生金钱或物品上的借贷关系。员工不得利用工作之便私自套取外汇。

员工不得私收小费、礼物或侵吞客人遗留物品。员工不得在酒店内赌博、酗酒。员工不得收藏、传阅、复制反动淫秽的画刊、书籍和录像，客房内搜出此类报刊书籍一律交办公室处理。

员工不得偷盗酒店公私财物。员工要遵守外事纪律，不得与客人私下通信。和客人在一起时不得表现过分亲热，未经同意，不可抱玩客人小孩，更不准随便给小孩食物。

交接班时应将未完成的工作或特别事项交接清楚，接班人未到达时不得擅自离开工作岗位或先行下班。清扫房间时不得任意移动房内的行李物品，严禁翻动客人物品，如确要移动客人物品，在清扫完毕后要马上移回原处。

不得随意丢弃房内的纸张、印刷品（除非放在垃圾筒内）。进入客房要严格按照进房程序进行。

每班完成自己的工作任务，养成随时检查并处理自己职责未完之事的习惯。所有电话必须作出电话记录并落实。若客人不在房内，不得让访客进入。

客人询问，要热情回答，不可说“不”。对客房内的可疑情况，要及时汇报。应谨记酒店内时常保持整齐、清洁，如发现任何地方有垃圾和纸屑，应该主动把它拾起，放进废物箱。

其他部门人员需要进入房间工作时，必须有本楼层服务员的陪同。不得随便缺席，如有急事或特殊情况，要提前通知办公室或主管。不得在酒店内接待亲戚朋友来访。不得将个人的私事私物带回酒店。

不得直呼客人及上司的名字，应礼貌地称客人“×先生”或“×小姐”。不要太依靠自己的记忆力，要养成做笔录的习惯。使用机器前后需检查是否完好及做保养工作。严禁浪费公司资源及清洁用品。

有很多酒店违规违纪现象总是屡禁不止，即使三申五令不能在上班时间打闹、玩手机等，可就是有个别服务员在偷偷摸摸地做小动作，做了还不留痕迹，领班拿不到证据。这令很多领班懊恼不已。

服务员犯错、违纪、做小动作的现象在每一家酒店都难免，还防不胜防。作为领班，若你遇到这样的事，与其耿耿于怀、郁郁不欢，倒不如以平常心去正视它。

服务员违纪与犯错现象是酒店管理中的两个不同问题，我们分开讨论。关于违纪现象，产生的主要原因不外乎有三个。

1. **服务员素质低下**

俗话说得好，态度决定高度，素质决定品质。内因是事物发展变化的根本原因，服务员素质低下是酒店出现违纪现象的最主要也是最根本的原因。服务员素质低下又分为两种情况。第一种情况是服务员秉性不坏，只是由于他们大部分文化低、基础差、习惯不良。第二种情况是服务员秉性不良。

针对第一种员工，请领班谨记，一代管理宗师彼得·德鲁克告诫我们：管理者与员工的第一个区别就是，管理者同时是一名教导者。你要做的就是耐心地教育辅导下属，提升他们的素养与素质。下属原本素质低，不是你的责任，但是他们跟随着你后素质没有得到提升，就是你的责任了。

对于第二种服务员，领班首先要具备治病救人的负责任态度，尽力扶助他们。如果努力之后，这种服务员不进反退，甚至出现“一颗老鼠屎坏了一锅粥”的苗头，可以断定这是害群之马，领班要做的就是为团体除害——清退了之。

2. **监督管理缺失**

监督管理缺失，首先表现在监督管理制度的缺失。在此有必要强调两个观点：

第一，好制度把坏人变成好人，坏制度把好人变成坏人。

第二，可以改变的是制度而不是人性。

对比一下下面这家企业前后两种不同的状况，你就能深刻理解上述两个观点。

有这么一家酒店，曾尝试实施充分的“人性化管理”。服务员不仅高工资、高福利，而且规章制度对他们而言基本上是形同虚设，除非犯重大错误，否则的话就算平时服务员有些小失误也很少有被严格追究责任的，连通报批评都没有，更别说罚款了。

刚开始，服务员出于对酒店的感激心理，都能自觉地遵守纪律，勤奋工作。但是，时间一长，惰性就开始在酒店服务员中蔓延了，消极怠工、违纪犯规的现象像瘟疫一般一一爆发出来。

当时，这家酒店的老板来向我寻求解决办法，我给这位老板的建议简单得很，就是在酒店内部建立起处罚机制。

酒店很快作出规定：对违纪行为，依照情节轻重和造成损失的大小，采取警告、严重警告、记过、记大过、降级、撤职、留用察看、开除等多种形式的处罚。实施之后效果喜人，消极怠工、违规乱纪的势头得到遏制。

3. 违纪成本太低

从上述案例我们看到，酒店实施相关处罚后，违纪现象有所遏制。但是，没过多久，新的问题又出现。个别服务员脸皮比较厚，光是给予警告和记过，他们根本不往心里去。

针对此，我建议使出“杀手锏”——罚款，相信大家再熟悉不过了。将服务员的违规情况和绩效考核同奖罚直接挂钩，效果立竿见影。之所以很多服务员在批评、警告、记过等处罚之下依然顶风违纪，正是因为违纪成本太低，让服务员没痛没痒。唯有罚款这样的“切肤之痛”，服务员才会当回事。

时下越来越多的酒店实行“走动式管理”。所谓走动式管理，是指酒店管理者利用时间经常抽空前往各个办公室走动，以获悉更丰富、更直接的员工工作问题，并及时了解所属员工工作困境的一种策略。这种管理方式要求酒店管理者身先士卒，深入基层，体察民意，了解真情，与部属打成一片，共创业绩。

因为走进酒店经营的第一线，就是走到员工的心坎中，把措施指导于现场之中，感情沟通于关怀的点滴中，我们有理由相信，这种良好的互动必将给酒店的经营带来生机和活力。

美国麦当劳快餐店创始人雷·克罗克是美国有影响力的大企业家之一，他不喜欢整天坐在办公室里，大部分时间都用在走动式管理上，即到所属各公司、各部门走走、看看、听听、问问。

公司曾有一段时间面临严重亏损的危机，雷·克罗克发现其中一个重要原因是公司各职能部门的经理官僚主义突出，习惯靠在舒适的椅背上指手画脚，把许多宝贵的时间耗费在抽烟和闲聊上。于是雷·克罗克想出一个“奇招”，要求将所有经理的椅子靠背都锯掉，经理们只得照办。

开始很多人骂雷·克罗克是个疯子，不久大家悟出了他的一番“苦心”，纷纷走出办公室，开展走动式管理，及时了解情况，现场解决问题，终于使公司扭亏为盈，有力地促进了公司的生存和发展。

在走动中了解员工，贴近员工，掌握员工的思想动态，沟通管理者与员工的感情，缩短了与员工的距离，建立了酒店管理者与员工的互动关系，凝聚了员工队伍，及时加强了员工对酒店价值观和经营理念的认同，员工爱店如爱家，形成一股内聚力。

酒店管理就是细节管理，走动式管理则是细节管理的关键所在。走动式管理体现了指导与服务的职能。人的常流动、事的多变化是酒店行业最大的特性。作为酒店管理人员，要到现场进行指导与服务，针对现场情况做好人的掌控和事的把握。在实践中，指导与服务主要体现在三个方面。

第一，对员工在工作中可能发生的失误或不到位的现象进行现场指导，如对各项工作执行情况的检查考核，发现问题及时整改，减少失误，提高工作有效性。

第二，了解并掌握信息，对工作中的突发事件第一时间进行处理与控制，并总结指导，有利于问题的解决和员工能力的提升。

第三，对工作执行中偏离企业政策、制度的行为进行纠正指导，使管理工作有章可循、按章执行，保证管理的有序。

在指导的过程中体现服务，既为客人服务，同时也为员工服务，这也是人性化管理的一种表现，非常有助于酒店服务质量的提高。走动式管理体现了调查与研究的功能。对在走动式管理中发现的简单问题，可以随时随地补救和解决，但对复杂的问题必须进行认真的调查与研究。

二、了解酒店的企业文化

随着酒店市场竞争的加剧、客人消费意识的提高和对高附加值的追求，酒店的竞争越来越表现为服务员提供给客人的服务质量的竞争了。服务本身就是酒店所提供的主要产品，服务的最高目标也是最原始的动机就是要让客人满意。

假日集团向入住客人提出了“无条件”的满意保证，即由客人自主决定是否感到满意，酒店在保障度上绝不与客人讨价还价。该服务承诺在当时酒店业是史无前例、闻所未闻的，正是这100%客人满意的服务承诺使假日酒店赢得了客人，并在整个酒店市场中占有了强大的竞争优势。

万豪酒店集团的创始人马里奥特说：“生活就是服务，我们时时刻刻都处在为别人服务和被别人服务的环境当中。”所以，在酒店服务文化的建设当中，必须以一种真诚、纯洁的服务理念和服务精神去培养我们酒店员工的服务意识。

另外，因为客人的消费品位越来越高，服务也越来越倾向于个性化，服务个性化是21世纪酒店业成功的关键。个性化的服务是一种非制度化、非规范化的服务，所以更有赖于一个好的组织氛围和酒店文化。可以说，没有一个好的酒店文化，个性化服务便如无源之水，无从谈起。

一个伟大的组织能长期生存，最主要的条件不是结构形式或管理技巧，而是被我们称为信念的精神力量，以及这种信念对组织中全体人员的号召力，这就是企业文化。

酒店企业文化是酒店的精神文化，是一个酒店或酒店组织在长期的经营活动中形成的这个组织中酒店人共同拥有的企业理想、信念、价值观和酒店道德。酒店的企业文化是酒店的灵魂。

酒店企业文化主要有以下五种元素。

1. 酒店的环境

酒店环境包括内部环境和外部环境。酒店的内部环境是经营环境，同时还包括员工的工作、生活环境等；酒店的外部环境是酒店在社会中的地位、形象和联系。酒店建筑是酒店给人最直观的印象，其本身就是酒店企业文化的一部分。

2. 酒店的价值观

酒店的价值观是酒店企业文化的核心。酒店的价值观是指酒店在追求经营成功过程中推崇的基本信念及追求的目标。酒店价值观的一个最突出的特征就是以人为本，以关心人、爱护人的人本主义思想为导向。在建立酒店价值观时，必须充分注重到人的发展是酒店发展的基本动力和归宿。

酒店的发展离不开人的发展。纵观国内外优秀的酒店，我发现，他们员工的精神状态都非常好，酒店都十分注重改善员工的工作、生活环境，讲求卫生、整齐，布局合理。员工餐厅、更衣室的设计都极富人情味。酒店在每月卫生日组织员工开晚会，组织优秀员工外出观光、学习等。

酒店要遵循“无情制度，有情管理”的原则。我在上海一家著名酒店听到这样一件事情，一名青年厨师私拿了厨房的排骨，被按制度处罚。但事件并未就此结束，酒店还主动了解情况，得知该员工与母亲相依为命，母亲近几日患病住院，青年厨师无暇照顾，又无时间上街采买，故顺手拿了排骨。酒店即让工会和部门负责人去医院慰问青年厨师的母亲，并道歉称对员工关心不够。青年厨师倍受感动，更加爱店敬业，成为酒店技术骨干。

3. 酒店的产品

酒店经营的产品有客房、餐饮、娱乐等，这些都是通过服务员向客人提供的服务来体现。酒店的产品一定要有文化内涵，具有特色。譬如说客房房型要丰富，布局要合理，装饰要具有文化气息。

浙江一家酒店新开张时，房内的装饰画别出心裁地向社会征集儿童画，然后进行上好的装裱，既具有特色，又给人深刻印象，更在一定程度上使这些画的作者和亲朋好友成为酒店的客人。

服务也是一种文化，首先要讲求服务的标准化、规范化，这是基础。在此基础上力求个性化、多样化，尤其体现在服务语言、动作和服务细节上。

4. 酒店的企业精神

酒店的企业精神是酒店的宗旨、观念、目标和行为的综合，体现了酒店的精神面貌，也是酒店企业文化的概括。

如威斯汀酒店的企业精神是“为每一类宾客提供高品质的产品服务”，四季集团的企业精神是“一切为了客人”，上海和平酒店的企业精神是“优秀企业造就优秀员工，优秀员工造就优秀企业”，等等。

5. 酒店制度文化

酒店制度是酒店在经营管理时制定的起规范保证作用的各项规定或条例，和酒店的领导体制、组织机构共同构成酒店制度文化。酒店制度文化是酒店为实现目标给予酒店员工的行为以一定的方向、方式的具有适应性的文化。

酒店企业文化的核心层——精神文化，是任何一家酒店的灵魂。它在酒店管理中有多重要，从下面两个地方的故事便可见一斑。

【经典案例】

第一个地方是一家酒店，办公室装修得豪华漂亮，电脑、电话等现代办公设备样样齐全，办公室人员衣冠楚楚，在里面忙忙碌碌、辛勤工作，并一直在尝试着各种科学的管理……在这里，酒店老板给他们发工资、奖金、福利、各种待遇，可是却很少听到有人感激发工资的老板，也没有感激带头的主管；这里的员工老是感觉自己做得多、拿得少，老是有很多冲突和矛盾，老是觉得苦恼和痛苦……

第二个地方非常不起眼，既没有现代化的房子，也没有现代化的装修，更从来不用去招工和招聘，可是来这里的人络绎不绝，而且来的时候还带着庄重、虔诚的感情，礼貌地行走，庄重地说话；这里也没有条件给人发工资和奖金，可是人们不但不索取钱财，还毫不犹豫地施舍钱财；这里也没有什么花样翻新的科学管理，可是人们还对这个地方顶礼膜拜……这个地方就是寺庙。

为什么这两者之间会有如此大的差别呢？根本原因是人们的精神与信仰。

管理大师彼得·德鲁克说过，任何组织如果没有共同的精神追求和信仰，就只能是一群乌合之众，工作就会变成一种折磨。所谓的科学管理，最多也是延缓死亡的“安慰剂”。

那么，酒店的精神与信仰是什么？那就是酒店的核心理念。核心理念是酒店企业文化的灵魂，也是任何一家酒店的灵魂，是酒店中所有思想、行为、制度等的统帅和总纲领。核心理念在管理中发挥着怎样的作用呢？

众所周知，员工队伍是靠核心团体来驱动的，核心团体即干部团体。那核心团体又是靠什么来驱动？是钱吗？不是。核心团体主要是为核心理念所驱动，而不是纯粹为利润目标所驱动。这个结论颠覆了很多管理者内心深处根深蒂固的传统观念。

酒店追求利润只是目标之一，超越利润的追求是企业核心理念。利润是企业生存的必要条件，而且是酒店要达成目标的必要手段。为了更好理解这点，可以打个比方来说明一下。

请问，人生存需要哪些必要条件？氧气、食物、水源……这些东西都是生命存在的必要条件。那么，人活着难道就是为了氧气、食物和水吗？显然不是。而酒店的利润就好比氧气、食物和水，它是酒店生存的必要条件，但一定不是目的，高于利润的真正目的是酒店核心理念。

第三节　打造最佳的服务形象

服务形象是酒店服务员在提供服务过程中给客人留下的整体印象。服务形象属于软性或无形的东西，它是由酒店给客人提供服务或利益，贯穿于酒店服务的整个过程。一个酒店要想抢占市场，必须提供良好的服务。未来的竞争就是服务的竞争，服务的因素甚至超过价格因素。

酒店服务员的服务方式、服务功能、服务态度、服务质量等给客人留下的印象极为深刻。如服务员笑容可掬，彬彬有礼，技艺娴熟，服务周到，会在客人心中留下极佳的品牌形象，从而提高酒店品牌的美誉度和信誉度，唤来更多的回头客。

服务形象是酒店的活力所在。身处明净的店堂内、温馨的环境中，面对服务员的亲切微笑和耐心服务，会产生一种“宾至如归的感觉，给予客人如同朋友一般的亲切感”，这种以情感为纽带的温馨服务方式是酒店必备的服务形象特色。

有人会有疑问，服务注重的是内容和效果，服务形象还能有什么用处呢？

如果我们把客人当成观众，把酒店当成舞台，把酒店的服务员当成演员，外在形象无疑就是演员的服装和化妆，并且会对演出效果产生重要影响。而事实上，对于客人而言，酒店真的就是一个舞台，服务员就是在这个舞台上表演的演员，只不过和真正的舞台相比，酒店这里上演的是服务表演罢了。

酒店服务员仪容仪表的总体要求是：容貌端正，举止大方；端庄稳重，不卑不亢；态度和蔼，待人诚恳；服饰庄重，整洁挺括；打扮得体，淡妆素抹；训练有素，言行恰当。

一、酒店服务员仪容规范

酒店服务员容貌规范要求：表情明朗、面带微笑，亲切和善、端庄大方。

服务员要给客人留下良好的第一印象，使他们认可这一服务形象的话，应具有整洁、温馨的仪容。酒店服务员在工作中的仪容，必须在尊重自己和尊重客人的基础上，突出自己的职业性、服务性，力求给客人留下温馨美好的第一印象。

1. 发型不能怪异

客人到酒店去消费，并不是去欣赏服务员的怪异发型。因此，作为职业要求，无论男女，酒店服务员的发型都应从众，头发干净，梳理整洁，发型不得夸张，不能标新立异。

对女服务员具体要求如下：应选择短发、马尾辫、烫发等较为保守的发式，刘海不要把脸遮住，不染夸张发色，过肩长发要扎束于脑后，发夹要用单色，以深色为最佳；提倡加适量发胶、摩丝，头发不得有头屑。

对男服务员来说，最好是短发，头发不能过耳，不要蓄长发，也不要剃光头，发色以黑色为最佳，不可染夸张发色，不能过分修饰，避免给客人以油头粉面的感觉。

2. 面部洁净自然

作为直接面对客人的酒店服务员，面部修饰的第一原则是洁净，同时要保持卫生和自然，给客人以朝气蓬勃、诚实可信的感觉。

作为一名酒店服务员，应该如何修饰自己的面部呢？

对于女服务员而言，要化适当的淡妆，口红、眼影须统一色调，不可浓妆艳抹，也不要不化妆；须对自己的面部皮肤、眉毛、眼角、耳朵、鼻头、口腔等作定期的检查和修饰保养，如眉毛的梳理、清洁，鼻部“黑头”的清理等。

对于男服务员来说，选择合适的护肤品对脸部进行保养，及时清除过长的眉毛、耳毛、鼻毛、汗毛，保持口腔的清洁卫生，若无特殊的宗教信仰或民族习惯，须坚持每天上班前剃须，不能留长须，不可戴深色眼镜。

二、酒店服务员仪表规范

酒店服务员要求着装大方优雅，所谓着装，是针对那些没有配发统一服装的酒店而言。酒店服务员服装的选择是有标准的，一是整洁，二是得体，三是便于工作。着装也是一种无声的语言，它显示着一个人的个性、身份、角色、涵养、阅历及其心理状态等多种信息。服务工作要符合一定的着装原则。

第一，要和所处的环境相协调。当人置身在不同的环境、不同的场合，应该有不同的着装，要注意穿戴的服装和周围环境相协调。服务员的服饰穿着要整洁得体，且要与工作环境和特点相统一。

第二，要和身份、角色一致。每个人都扮演不同的角色，具有不同的身份，这样就有了不同的社会行为规范，在着装打扮上也自然有规范。当你是服务员时，就不能穿一些过分另类的服装，以免有抢客人风头的嫌疑。

第三，要和自身“条件”相协调。要了解自身的缺点和优点，用服饰来达到扬长避短的目的。所谓扬长避短，重在“避短”。比如身材矮小的适合穿造型简洁明快、小花型图案的服饰；肤色白净的适合穿各色服装；肤色偏黑或发红的忌穿深色服装；肤色偏黄的最好不要选和肤色相近或较深暗的服装，如棕色、深灰、土黄、蓝紫色等就容易使人显得缺乏生机。

第四，要和着装的时间相协调。只注重环境、场合、社会角色和自身条件而不顾时节变化的服饰穿戴不好，比较得体的穿戴是在色彩的选择上注意季节性。比如，春秋季节适合选中浅色调的服装，如棕色、浅灰色等；冬季可以选偏深色的，如咖啡、藏青、深褐色等；夏装可以选淡雅的丝棉织物。

饰物是指人们在着装的同时选用可供佩戴的装饰性物品，对人们整体的穿着打扮有辅助、烘托、陪衬和美化作用。

那么，在佩戴饰物时又有哪些具体要求呢？

首先是少而精。即正在工作岗位服务的服务人员，所佩戴的饰物一般不宜超过两个品种；佩戴某一具体品种的饰品则不宜超过两件。

其次，男服务员尤其没有必要佩戴饰品。

再次是穿制服时，要求不佩戴任何饰品；穿正装时，要求不佩戴工艺饰品，如造型为骷髅、刀剑等的另类饰品；工作时要求不佩戴珠宝饰品，以减少不必要的麻烦。

酒店服务员在工作中所选择的服饰一定要合乎身份，素雅大方，切不可有悖于常规的审美标准。酒店服务员在着装搭配方面主要遵循以下三个原则。

1. 服饰素雅

酒店服务员要做到服饰素雅，具体来说有以下五个方面。

（1）搭配准：服饰应注重搭配之道。从某种意义上讲，一个人的服饰之美关键在于和谐，而服饰的和谐则主要源于精心的搭配。

（2）款式雅：款式以素雅庄重为基本要求。如果款式过于前卫、招摇，会让人对服务员产生轻浮的印象。

（3）质地好：酒店服务员的服饰应尽量选用质地精良的。

（4）做工精：不必选择名牌货、高档货，但对其具体做工应予以重视。如果服饰做工比较差，则会有损酒店的整体形象。

（5）色彩少：色彩宜少不宜多，其图案宜简不宜繁。切勿穿那些色彩鲜艳抢眼、图案繁杂不堪的服饰。

2. 服饰庄重

在讲究美观的同时，酒店服务员在选择服饰时要庄重。要使服饰庄重高雅，就要坚持朴素大方和文明得体的原则。具体来说，要做到五“不”。

（1）不过分透视：在正式场合的着装，不可过于单薄透明。不管在何时，酒店服务员都不能将内衣透视在外，甚至令人一目了然。

（2）不过分炫耀：所佩戴的饰物应当以少为妙。不提倡酒店服务员在工作场合佩戴高档的珠宝首饰，或过多数量的金银首饰，否则就有张扬招摇之嫌。

（3）不过分紧身：紧身的服装能显示着装者的身材，但酒店服务员在工作之中显然是不适合这样做的。

（4）不过分短小：不应以短小见长。在任何正规场合，背心、短裤、超短裙、露脐装等过分短小的服装都难登大雅之堂。

（5）不过分裸露：酒店服务员着装不应过分暴露自己的躯体，要做到“五不露”，即不露胸、不露肩、不露背、不露腰、不露腿。

3. 服饰整洁

服饰整洁是对常人的基本要求，每一名酒店服务员自然也不可对此掉以轻心。酒店服务员的服饰整洁，要做到四“忌”。

（1）忌肮脏：在任何情况下，酒店服务员都不能让自己的服饰肮脏不堪。具体而言，既不应令其存在异物，又不应令其存在异味。

（2）忌褶皱：衣着以平整为美。如果服饰出现很多褶皱，则要及时更换，或熨烫平整之后再穿，否则便难有服饰整洁可言。

（3）忌乱穿：在穿衣服、戴首饰时，必须遵守它们既有的规范性做法，不能随心所欲地将它们乱穿、乱戴。

（4）忌残破：一旦服饰出现残破，则要及时对其修补或更换。听任自己衣衫褴褛、服饰缺损甚至以此为荣都是不明智的做法。

三、酒店服务员仪态规范

仪态是指人在行为中的姿势和风度。姿态是指身体呈现的各种样子。一个人的举止、行为、表情可以在无声中向他人传递一定的信息，所以仪态也被称为人的体态语。

研究证明：人类全部的信息表达 = 7% 的语言 + 38% 的声音 + 55% 的体态语。可见，仪态举止是影响人际交往的重要因素。在酒店服务中，仪态举止尤其重要，服务员的一举一动不仅关系到个人的形象，而且直接影响到酒店服务质量和酒店形象。

优美的姿态能给客人以悦目、舒适的感觉，不雅的姿态会使客人反感厌恶。俗语说"坐有坐相，站有站相"，姿态不雅就是对客人的不尊重。

1. 站姿

站姿是服务员最基本的行为举止之一，是服务接待的主要姿势。站立服务传递着随时为客人服务的信息，能体现出对客人的尊重。优美规范的站姿能给客人留下美好的印象，服务员站的时候要注意挺拔、直腰、向上。

正确的站姿是：抬头、挺胸、直腰、平肩，目视前方；双臂自然下垂，收腹，双腿并拢直立，脚尖分呈 V 字形；身体重心可以放在两脚中间，也可两脚分开，比肩略窄；双手可放在裤缝中间，可也合起放在腹前或背后，应避免抄手、抱拳等姿势。

服务中若站立时间较长，为缓解疲劳可以采用一些变化的站姿，但在变化中力求姿态优雅，切勿给人以懒散的感觉。具体要求：可将身体的重心向左或向右腿转移，让另一条腿放松休息。但有人走近应立即恢复标准站姿。

与客人谈话时，应注意保持恰当的距离，大约相距 60 厘米，过近或过远都会显得失礼。为坐着的客人服务时，应在客人的身边弯腰站立，面带笑容。

身体直挺站立，会显得傲慢无礼。在服务过程中，应当尽量面向客人站立，以免使人产生忽略客人的印象。

站姿有“四忌”，分别是：

（1）忌身体歪斜。站立时，若弯腰驼背、头偏、肩斜、身歪、腿曲，都会破坏线条美。平时应该经常进行站姿训练，练习时背靠墙站好，使后脑、肩、臀、足跟均能紧贴墙壁。

（2）忌前伏后靠。在工作中不应伏在柜台上，也不应倚墙靠柜。不然，会显得懒散和无精打采。

（3）忌动作过多。在工作时忌多余的小动作，如摆弄衣服和发辫、玩弄小玩意、双脚不停轮换站立、腿脚抖动等，这些行为都是缺乏自信的表现。

（4）忌手位脚步位不当。双手抱于胸前、叉腰、插袋、双脚叉开距离过大、歪脚站立等，都是不可取的站姿，显得粗鲁、不雅观。

2. 坐姿

俗话说“坐如钟”，这是对我们坐姿的基本要求。但作为酒店服务员，坐姿还要做到稳重、挺直、端正。

正确的坐姿是：轻轻入座至椅子的2/3，后背轻靠椅背，双膝自然并拢（男性可略分开）或呈丁字形，收腹，挺胸，目视前方，手放在腿上。对坐谈话时，身体稍向前倾，表示尊重和谦虚。如果长时间端坐造成不舒服，可适当将两腿交叉重叠，但要注意上面的腿往回收，脚尖向下。

男性坐姿：一般只坐椅子的2/3，不要前倾或后仰，双手舒展或轻握于膝盖上，双脚平行，间隔一个拳头的距离，大腿与小腿约成90度。

女性坐姿：坐椅子的2/3即可，双腿并拢或交叉（交叉时，双腿应向同一边倒），双手轻放于膝盖上。

根据场合的不同，要有不同的坐姿。所谓坐有坐相，是指坐姿要端正。女士的八种优美坐姿的要求。

（1）标准式：轻缓地走到座位前，转身后两脚呈小丁字步，左前右后，两膝并拢同时上身前倾，向下落座。

（2）前伸式：在标准坐姿的基础上，两小腿向前伸出一脚的距离，脚尖不要翘起。

（3）前交叉式：在前伸式坐姿的基础上，右脚后缩与左脚交叉，两踝关节重叠两脚尖着地。

（4）屈直式：右脚前伸，左小腿屈回，大腿靠紧，两脚前脚掌着地，并保持在一条直线上。

（5）后点式：两小腿后屈，脚尖着地，双膝并拢。

（6）侧点式：两小腿向左斜出，双膝并拢，右脚跟靠拢左脚内侧，右脚掌着地，左脚尖着地，头和身躯向左斜。注意大腿小腿要呈 90°，小腿伸直，以显示出小腿长度。

（7）侧挂式：在侧点式的基础上，左小腿后屈，脚绷直，脚掌内侧着地，右脚提起，用脚面贴住左踝，膝和小腿并拢，上身右转。

（8）重叠式：在标准式基础上，两腿向前，一条腿提起，腿窝落在另一腿的膝上边。要注意上边的腿向里收，贴住另一条腿，脚尖向下。

落座后要注意避免以下姿势：脊背弯曲，耸肩驼背；瘫坐在椅子上，或者前俯后仰，摇腿翘脚，脚跨在椅子或沙发的扶手上；上身趴在桌椅上或本人的大腿上；坐下时手中不停地摆弄东西，如头发、首饰、手指等；双脚大分叉或呈八字形，翘二郎腿；架腿方式欠妥，坐后将双腿架在一起；双腿直伸出去；腿部抖动摇晃；脚尖指向他人；脚尖高高翘起；脚蹬踏他物。

3. 蹲姿

在日常生活中，人们对掉在地上的东西一般是习惯弯腰或蹲下将其捡起，而身为酒店服务员是不合适的。

蹲姿虽然只是暂时性的体态，也是有讲究的。那么，正确的蹲姿应该是怎样的呢？

正确的蹲姿一般要求：当下蹲拾物时，应自然、得体、大方，不遮遮掩掩；下蹲时，两腿合力支撑身体，避免滑倒；并且应使头、胸、膝关节在一个角度上，使蹲姿优美。

蹲姿要求双腿靠紧，臀部向下，上身挺直，重心下移。下蹲时应注意内衣“不可以露，不可以透”。除上述内容以外，女服务员还要注意以下四点：

（1）女服务员绝不能双腿敞开而蹲，这种蹲姿叫“卫生间姿势”，该动作最不雅。

（2）在公共场所下蹲应尽量避开他人的视线，尽可能避免后背朝人。

（3）站在所取物品旁边不要低头、弓背，要膝盖并拢，两腿合力支撑身体，慢慢地把腰部低下去。

（4）蹲姿也是有禁忌的，如弯腰捡拾物品时两腿叉开、臀部向后撅起是不雅的。

4. 行姿

行姿就是行走的姿势，是一种动态的姿势，行姿是以静态的站姿为基础的。酒店服务员的行姿要求是“行如风”，即走起路来要像风一样轻盈。

行姿的具体要求是：上体正直，身体重心在脚掌前部，头正微抬，目光平视，面带微笑。脚尖对正前方，两脚的轨迹为一条线或两条紧邻的平行线。两脚之间的跨度为一个脚长距离。上身自然挺直，收腹，两肩微往后拉，两臂自然摆动。行走时，上身不动，两肩不摇，目视正前方，面带笑容；行走中，要注意步位（指脚落到地上的位置）、步度和步速。要求脚尖朝正前方，两脚应踩两条平行线。女性行走时，应基本踩一条直线，臂部自然摆动，使行走姿势更优美。步度是跨步时两脚之间的距离，标准的步度是本人的脚长，女性步度可小一些。

行进时，应该注意保持轻快的步速。酒店服务员在行走时要保持一定的步速。较好的步速反映出服务员主动积极的工作态度，是客人乐于看到的。在酒店餐厅行走，一般不要求步速过大，因为步幅过大，人体前倾的角度必然加大，酒店服务员经常手持物品来往于餐具和厨房之间会较容易发生意外。

酒店服务员在服务中走路时应注意步速，要使客人感到安定。走路过慢，东张西望会显得懒散、漫不经心，降低工作效率；走路速度过快，风风火火的，会使客人产生紧张情绪，也会增加工作中差错的发生；多人一起行走时，不要横成一排或勾肩搭背。总的来说，女服务员行走步伐应该轻盈、柔美。

服务员行走有“三忌”：

（1）忌步态不雅。“内八字”脚或“外八字”脚，走路时横向摇摆、蹦蹦跳跳或手插裤袋，都是不雅的姿势。

（2）忌制造噪音。酒店服务员行走时，如果脚步过重，声音过响，穿钉有金属鞋掌的鞋子行走或拖着脚行走，都会发出令人厌烦的噪音，应该尽量避免。

（3）忌不守秩序。酒店服务员行走时，如果横冲直撞，与人抢道，阻挡道路等，都违反了公共秩序，既妨碍他人行走，也有损自身形象。

5. 手势

手势是人际交往中动用较多的动作，是一种很明显的体态语言，酒店服务员恰当地动用手势，有利于向客人传递信息、表达感情。手势的动用应当注意适度和规范。

酒店服务员在介绍客人、为客人指示方向、引领客人等服务中都需要动用规范的手势。具本要求是：伸出右手，五指并拢，掌心向上，上臂自然下垂，以肘关节为支点，由内向外自然伸开小臂。当指明方向后，手应暂时停留片刻，回头确认客人认清后再将手放下，不要随便横挥手臂后就立即放下。

手势有“三忌”：

（1）忌手势不敬。掌心向下，攥紧拳头，伸出手指指点，手持物品指示方向等，都是对客人不敬的手势，会显得失礼。

（2）忌手势过多、幅度过大。运用手势应注意适度，与人交往时，手势不宜过多，幅度不宜过大；手舞足蹈，动作夸张，往往会引起别人的反感。

（3）忌乱用手势。手势在不同的国家和地区往往具有不同的含义，如拇指与食指结成圆环、其他三指伸直的手势，在我国表示“3”或“0”，在欧美国家表示“OK”，在巴西是辱骂他人的动作，在日本表示“钱”，容易给日本客人造成暗示索要小费的误解；如果“OK”手势中食指与拇指不连接，则表示卫生间“WC”。因此，不懂风俗而乱用手势，容易引起客人的误会和不满。

6. 优美得体的动作

酒店服务员需要从低处拿物品或从地上捡物品时，应该走近物品，先蹲后拾。具体要求是：走到物品一侧，单腿下蹲，不弓背，轻松自如地达到目的，展现出优美的体态，显得典雅大方。切勿采取弯上身、翘臀部的不雅姿势。

在服务接待中，为了表示对客人的恭敬，在某些场合应保持上身微向前倾的姿势。如与对方握手时，帮客人点菜时，服务员应该保持上身向前倾 15 度，表现出彬彬有礼、尊敬客人的服务素质。

在服务场所，服务员应该尽量靠右行走，不能走正中间。与客人相遇时，应主动让路或暂时放下手头工作，微笑点头致意，问候客人，不可与客人抢道或并行。如有急事，应口头致歉后方可超越客人。

为了表现出对客人的恭敬与尊重，应当双手递物、双手接物，注意两臂夹紧，自然伸出双手。递剪刀、刀子等尖锐物品时，尖部或刃部不应朝向对方，注意所有物品都要轻拿轻放，并根据当时情况点头示意或道谢。

第三章

前厅服务，你的形象就是酒店的形象

前厅服务包括总机服务、预订服务、问询服务，由于是最初始也是最直接面对客人的服务，前厅服务员的形象在很大程度上就代表了酒店的形象，其服务好坏直接影响客人对酒店的第一印象。

第一节　总机服务

一、总机服务员的岗位职责

酒店总机房内设施主要是办公设施：办公桌椅、电话、电脑、打印机、复印机等。

酒店总机员工的岗位职责概述：提供电话服务并帮助完成客人要求。

1. 职责义务

总机服务员需要礼貌和友好地接听所有来电，并负责准确接转；回答客人的电话询问或者将电话接转至有关部门；负责“客房叫餐”，高效地为客人提供服务；负责准确地预约和接通客人的长途电话；负责准确及时地为客人提供叫醒服务；负责检查叫醒服务记录，并在电话没有人接听时采取适当的措施；负责正确传呼酒店人员。

充分了解酒店的语音信箱系统，并帮助客人和来电者使用该系统；像对待分配的任务那样对待其他相关任务，以提高整体效率；及时报告错误；充分了解酒店设施和营业时间，确保正确回答客人的问题。

了解酒店的日常事务；充分了解紧急事件的处理程序，例如火警、警报、疏散、轰炸、恐吓等；随时保持工作区域的清洁和整齐；培养部门间良好的工作关系。

识别贵宾、优先客人、常规客人和长住客人，并且亲善地提供个性化的服务和帮助；迅速处理“宾客服务”并跟踪确保客人完全满意；按照上级的指示完成任务。

提供优质对客服务；确保客人需求和合理要求被满足；不断寻找机会发展对客服务；采取合适的行为解决客人投诉；促销酒店的产品与服务；保持对产

品与服务的高度了解，以便于向客人解释和销售服务与设施。

坚持酒店安全制度、紧急情况处理规定和程序；保持维护所在工作区域的高度整洁；在工作中遵循对客服务满意标准；遵守酒店的工作政策及程序，遵守酒店的商业行为规范以及员工手册中的条款；完成你上级交代的其他任务。

2. 专业知识技能

酒店总机服务员需要具备甜美的音色，适当的语音、语调和语速，良好的英语能力以及沟通技巧；同时掌握其他外语者优先考虑；大学经验、具有相关工作经验者也将会优先考虑。

3. 其他技能要求

良好、积极的工作态度；其他语言能力；乐于学习，乐于助人。

二、接听电话的要求

不要以为接电话很简单，其实里面的学问很大。

1. 接听电话要求

接电话如对待人生，要有宁静、平和的心态。记住，等电话铃响过两声后再接。先把你的急躁瞬间平息，对方正在期待你拿起电话的最好状态。在接听电话时，要有“我代表单位形象”的意识。说话声音清楚、亲切、优美。

通话时，听筒一头应放在耳朵上，话筒一头置于唇下约 5 厘米处，中途若需与他人交谈，就用另一手捂住话筒。必要时做好记录，通话要点要问清，然后向对方复述一遍。对方挂断之后方为通话完毕。任何时候不得用力掷听筒。

在酒店内不得打私人电话、传私人电话，家有急事来电应转到部门办公室，并从速结束通话。他人接听，只代为记录。

必须在 24 小时内回复所有的来电，不回复电话意味着你将失去交易的机会。

2. 接听电话时的言谈规定

声调要自然、清晰、柔和、亲切，不要装腔作势，声量不要过高，亦不要过低，以免对方听不清楚。不准讲粗言、使用蔑视和侮辱性的语言。不开玩笑。多用敬语，注意“请”、“谢谢”等礼貌用语不离口。任何时候不准讲“喂”。

避免你的不良习惯，比如清嗓子、说口头禅、喜欢东拉西扯的坏毛病。不允许以“喂、喂”或者“你找谁呀”作为“见面礼”。特别不允许上来就毫不客气地调查对方的“户口”，一个劲地问“你是谁”“你找谁”“你有什么事情吗”等。

3. 特殊情况的处理

当酒店总机服务员正在接听电话，有客人前来要求服务时，应面带微笑，点头示意，暗示客人你将尽快为其服务。迅速结束电话交谈，中文讲：“对不起，让您久等了!”为外宾服务时讲：“Thank you for your waiting.”

当你正在为客人服务，有电话打进来时，应面带微笑，向暂时被中断服务的客人讲：“对不起，请您稍候。”按照接听电话要求及程序接听电话，并尽快结束接听电话。放下电话后，应立即向被中断服务的客人致歉，讲：“对不起，让您久等了!”为外宾服务时讲：“Thank you for your waiting.”

如果一位推销员向你喋喋不休地推荐你毫无兴趣的商品，打断他是一种仁慈的行为。“对不起，我不想浪费你的时间。”然后立即挂断电话，并带着微笑。

在通话时，接电话的一方不宜先提出中止通话的要求；万一自己在忙，需要中止通话，可以告诉对方：“一等有空，我马上给您回电话。”

三、如何接转一般内外线电话

来电接听程序：

A. 问好；B. 报出你的岗位；C. 报出你的姓名，具体为：××为您服务；D. 询问需求。

总机接听内线电话时按 A、B、C 顺序执行；总机接听外线电话时按现行规定执行。

前厅部的总台接待、大堂副理、商务中心、礼宾部应按 B（英文）、D（英文）、A（中文）、B（中文）顺序执行。

其他各部门电话（除部门办公室外）一律按 A、B、C 顺序执行。

各部门办公室接听电话按 A + 办公室名称 + 本人姓名顺序执行。

以上各岗位要求除注明外，一律先使用中文，当对方使用英文时应改为英文服务。

四、如何处理电话留言服务

当来电要找的人不在时，总机服务员应询问对方是否需要留言或回电话。“对不起，先生（女士），某某现在不在这里，您是否需要留言服务？”“请问您的电话号码、尊称？”做好留言记录，并边记录边重复客人留言，最后再复述一遍。

五、如何提供电话叫醒服务

1. 接听客人叫醒服务

当总机服务台接到客人需要叫醒服务时，总机服务员要问清客人房号、姓名及叫醒时间。复述客人叫醒的要求，以获得客人确认。检查叫醒客房的种类和客人类型，如是套房、VIP，必须作出特别提示，最后祝客人晚安。

2. 把叫醒信息输入机台

按机台叫醒键，输入客房号码和叫醒时间；按机台执行键，将套间客房的叫醒信息输入卧室的电话分机。

夜班话务员再次检查叫醒的输入情况、客房情况、套房状况等，按照最早的叫醒时间打开叫醒打印机，并检查叫醒系统的工作情况。

3. 填写叫醒登记本

将叫醒时间输入机台后，在叫醒登记本上按时间顺序填写客人的房号、叫醒时间。认真复查，签上话务员姓名。

4. 人工为 VIP 叫醒

在客人指定的叫醒时间，按下客人的房间号码，用亲切和蔼的语气称呼客人的姓名，叫醒时要讲：早上好/下午好/……现在是×点钟，已到您的叫醒时间。叫醒后，祝客人愉快。

5. 团体叫醒

总机服务员在接到客人电话要求将整个旅游团的客人全部叫醒时，应礼貌地请客人到前台问询处登记，受理 23:00 以后的团体叫醒服务预订，记录团号、叫醒时间、预订人姓名、预订人房号。

根据前台问询处提供的叫醒记录，中班话务员负责找出团体用房表，并与叫醒登记表核对，夜班话务员必须再次复核团体、叫醒登记表和团体分房表，然后按要求将团体叫醒输入机器，检查叫醒团体客人的情况，如有问题必须及时纠正。

6. 特殊情况处理

如发现漏叫或没有打印出来的叫醒客人，话务员必须用电话叫醒客人，并做好记录。如客房叫醒无人应答，话务员必须立即通知客房服务中心或大堂经理去客房检查，并做详细记录。

如有客人要求取消叫醒服务，话务员必须在登记本、黑板、电脑上同时作出更正，并在交接班笔记上说明。如有客人要求多次叫醒时，话务员必须在叫醒登记本上作出说明。

第二节　预订服务

酒店服务员在确认客人以不同形式订房时，要向对方报出房价，并征得对方的认可。

与酒店没有签订合同的公司和个人散客订房时，应按照酒店所制定的客房折扣政策报价。如对方声明今后将有较大客源时，服务员应及时将这种信息转告销售部，销售部派人具体联系洽谈。

与酒店签有书面合同的公司订房时，服务员应按合同报价。凡签有合同的客户，如电话订房，报价前请核对对方公司名称及合同号，以便确认对方的身份，防止合同优惠价被不当利用或误用。如对方对报价有争议或要求比协议规定的价格更优惠时，可请对方与销售部相关人员进行联系。注意，服务员在与客人沟通过程中要保持礼貌婉转，切忌和客人发生争执。

当遇到旅行社、订房中心及团体订房时，原则上由公关销售部来负责，如公关销售部已下班，才由预订部按合同报价，无合同的根据没有合同的要求来执行。

酒店客房的预订在原则上不接受旅行社后补传真，特殊情况必须得到大堂副经理以上人员的批准，方可答应客人后补传真。

凡接受跨季节或节假日的订房，应把两个季节或者节假日前后的不同房价和更换日期一齐报出，并在订单上和电脑中注明要更换的房价和更换的日期，以便接待处能够及时更改。

酒店服务员在对外报价时，一般采用人民币为货币单位，如对方要求用人民币以外的货币报价，则根据酒店规定的汇费折算成港币或美元报给对方。

一、电话订房

接听客人电话订房时，铃响三声内要应答，任何时候都要使用相同的问候标准。话务员要及时应答客人的电话，有效处理问题，永远不要草率或表现出不耐烦。

对打进的电话要用如下方式问候：“Good morning / Good afternoon / Good Evening，Reservation，× × speaking，How may I help you?”或者“早上/下午/晚上好，预订处，我是某某，请问有什么可以帮您?”

话务员在讲话时要清晰友好，不要使用酒店术语，比如你知道什么是“F&B”，但是客人不知道它代表的是餐饮部。

接听客人电话时要集中精力聆听，在客人停止说话前不要插话，也不要打断对方的讲话。如果有必要让客人占线等候，要礼貌地询问：“先生/女士，请你稍等一会儿，好吗?”如果话务员知道客人的姓名，则要用姓氏称呼，以显得对客人有礼貌。

如果在谈话之前服务员已经让客人等候，在同一时间内有很多电话打进来，要采用如下方式：“谢谢你等候，我可以帮你吗?”

让打电话的人等候时间最好不要超过30秒，如果超过了30秒，就问打电话的人是否可以过一会儿再打过来或者留言。在这种情况下，服务员要在15分钟内给对方回电话。

如果打电话的人所要的分机号码是错的，在你礼貌告知对方索要的分机号码是错的后，及时将电话按要求转机。例如：“对不起，先生，这是房间预订处，咖啡屋的预订是在咖啡屋，请您稍等，我把电话帮您转过去。”在与对方通话时，始终要使用“请”“谢谢”“不客气”等客套话。

在通话结束时，服务员要用姓氏称呼打电话的人，向对方表示感谢，并表明自己的身份。在讲话时，始终使用商务用语，避免俚语和陈腔滥调。

如果客人打电话预订、询问有关设施或者物品，服务员应有足够的兴趣和耐性，永远不要有粗鲁的行为和争论。服务员要始终对外界提供准确的酒店服务项目的信息。要记住所有的标准和程序，特殊的房价、酒店的设施与特色等。

当服务员答应在某一特定时间给某人打电话时，即使不能提供客人所要求的信息也要按约定时间给客人回电话，信守承诺可以使客人感觉安心，对酒店的服务感到放心。

当服务员不能给予客人肯定的答复时，应该向其他服务员或者领导请教，否则，不正确的信息可能误导客人。电话通话快结束时，感谢对方的接听。

二、邮寄、传真或电子邮件订房

对所有通过邮寄、传真或者电子邮件发送的书面预订都要迅速处理。书面预订的确认方式要与接收时相同，并在当天发送。如果书面预订不能被确认，要在当天用同样的接收预订发送途径通知预订的人。

当酒店收到书面预订后，服务员要查明所有需要预订者提供的信息是否齐全。如果预订者提供的信息不完整，服务员要及时与预订的人联系，以便获得完整的资料。

核查预订所需要的房间、房价和其他特殊要求，将预订信息输入电脑。预订服务员每隔一个小时左右检查一次酒店预订专用的电子邮箱，了解宾客最新预订信息。

预订员在发送书面预订确认时，应该采用同样的发送途径，即邮寄、传真或者电子邮件，并将书面预订和书面回复附在一起进行存档。

使用传真机要特别注意安装记录纸、发送与接收传真的相关操作。

1. 在传真机中安装记录纸

传真机接收文件之前需要安装记录纸。其具体的操作是：在传真机中打开操作面板，按下“PUSH OPEN（开启）”按钮打开装纸槽；然后按正确的方向将准备好的记录纸纸卷放入装纸槽中，并安装到位；从记录纸纸卷端拉出记录纸至离纸张出口之外约 10 厘米；最后关闭装纸槽，压下操作面板，即可完成整个装纸操作。

2. 发送传真

传真机在传送文件时对纸张的尺寸、厚度都有一定的标准和要求。通常不能使用蜡纸、碳纸、过塑纸、厚度超过 0.15 毫米的卷曲的纸张以及墨迹未干的纸张。一般情况下，发送传真分手动发送和自动发送两种方式，其中比较常用的是手动发送，其具体操作如下。

（1）将导纸器调整到文件原稿纸张的宽度，将原稿文字面朝下插入托架中，提起受话器或按“免提”按钮，拨出接收方的电话号码。

（2）按“SET”按钮，接通电话后要求对方接收传真，对方应答后按“START”按钮，传真机便会自动开始传送文件内容。

3. 接收传真

在日常办公中，接收传真有手动、自动和应答三种模式，各模式的具体接收方式如下。

（1）手动模式：该模式主要是用户根据实际情况控制是否接收传真，所有对方发送的传真都要经用户应答电话之后才可接收。

（2）自动模式：该模式主要在两种情况下使用，一种是当接收到发送的传真请求时，电话线路在连接前会响铃三次，如果没有及时应答，传真机将自动根据功能开关的设置接收传真；另一种是对方采用自动传真方式发送，此时传真机检测到传真信号后便开始自动接收传真。

（3）应答模式：该模式主要是指当用户外出时，如果有对方发送的传真和留言，传真机可以自动进行接收，此时，传真机的“应答”指示灯是亮的，所有的传真与电话均由电话应答器管理。

三、散客订房程序

1. 散客预订操作程序

散客预订客房时，所有的预订员必须建立可用的和正确的预订记录，获取并记录以下详细资料：抵达日期，离店日期，客房种类和特殊要求（视野、吸烟/不吸烟等）。

只要有可能，服务员就要将以上信息直接输入电脑系统。酒店接受的预订要当天输入电脑系统，当完成预订后，要将预订单放入相应的预订文件中保存。

2. 订房单的填写

把所得的资料准确无误地填写在订房单上，填写时应注意以下几点：

（1）若有其他需要特别注明的事项应填写在备注栏。

（2）对有折扣的房价必须在备注栏作解释。

（3）所有特别折扣与免费房一定要经过有相关权限的酒店行政人员批准签署在订房表上。

（4）负责订房者应把其名字及记录填在订房表上。

（5）订房资料的存档非常重要，在存档过程中需小心留意，切不可放错日期或月份，以免造成资料混乱。

（6）当日预订房间的资料需在前一天由订房部在下午班前交到接待处，以便有任何疑问需查找资料时可以与原始资料核对，所收到资料接待处会在第二天早上（预订日期第几天）交还给订房部加以存档。

（7）过去预订资料需加以控制存档，并按月份/年份整理存档。

3. 房间的表示方法

一间单人房：ISR（SINGLE ROOM）。

一间双人房：IST（STANDARD TWIN）；

4. 复查及输入电脑

服务员在接到订房要求后，对所有订房资料都要严格复查，复查以最原始的资料为准，如传真订房的资料以传真为准，电话订房便以所填写的订房单为准。复查时，服务员要特别留意检查客人的姓名、预订日期以及客人的特别要求，确保所有的订房资料准确无误。

确保给客人的折扣都是符合本酒店折扣政策，并且有充足的折扣解释，依据或有相关人员之签批。

在完成以上工作后，应把相关预订资料全部输入电脑，并在预订房单上加以说明，避免重复预订房间。

5. 预订资料存档

当完成预订资料输入电脑后，对预订资料应按日期、月份、年份加以存档。

四、散客预订更改与取消

1. 更改、取消订房的注意事项

每家酒店都明确规定客房预订更改和取消的提前天数，并在接受订房时知会客人。如果客人在预订时已经交纳了定金，在因接到这类订房更改或取消时，先核查所要退订是否在规定的天数前。

如果在规定之天数前，则完成预定的更改或取消。如果需要取消订房，则取出该订房资料，盖上“取消”印章，并更正电脑录入的记录，所取消订房资料放在原档案袋内，以便查阅。如果更改订房，则取出相应的订房资料，在订房表格注明并重新填写更改内容，最后更改录入电脑的资料。

2. 更改预定

对于在预订客房时没有交纳定金，即无担保的散客预订更改，询问对方原订客房的入住日期及住客姓名，在电脑中查找原订房资料，确认原预订资料无误后，询问对方需更改的事项，根据客房出租情况决定是否接受更改后的预订。

如房间状况允许更改，询问对方需更改的事项，记录在更改预订单上，按客人的要求及时予以书面确认更改，并更新电脑记录。

3. 取消预订

预订服务员首先询问对方原订的入住日期及住客姓名，在电脑中查找原订房资料进行确认，并询问客人预订取消的原因。

服务员经过核实后，在预订单上加盖“取消”印章及在电脑中作取消预订操作。

若是通过电话通知取消的，服务员应记下通知人的姓名、电话、通知时间和取消预订的原因。与取消预订的客人再次确认所有的取消细节，并对客人取消预订表示惋惜，欢迎客人下次选择预订。

所有的预订取消后，在电脑相关数据上必须快速处理，以确保电脑系统中统计数据的正确性，所有的预订必须记录正确的取消原因。

五、团体预订

预订团体包括旅游团体、商务会议团体和其他团体，所有团体预订原则上统一由公关销售部受理。公关销售部将团体预订单转预订部，预订部服务员在签收后负责输入电脑和存档。

在作团体预订时要获得以下资料：

（1）抵达日期和时间。

（2）离店日期和时间。

（3）需要房间的数目（总数和房间种类）。

（4）公司或者旅行社名称。

（5）联系人姓名和电话号码。

（6）团体/会议名称。

（7）活动/会议/用餐要求。

预订部服务员在将团体预订信息存档之前，应将团体预订单交预订主管过目。按团体预订要求，公关销售部应提前（一般为至少三天）通知预订部预留房间。

团体订房的变更和取消一律由公关销售部以书面形式通知预订部作相应的工作。

找出相应的团体预订单作取消，并注明取消日期、原因及来源。若为更改订房，则填写新的团体订单，并在电脑中作相应的更改或取消。将取消或更改的通知与订单订在一起，作相应的存档。

第三节　问询服务

酒店前厅问询岗位的服务员服务工作提要：客人咨询的内容包括有关酒店本身的一些情况，或者酒店所处城市的交通、旅游景点等方面的问题，涉及面可能会相当广泛。

一、问询工作流程

问询岗位员工工作流程如下。

1. 上班准备

上班前五到十分钟到达岗位，并接受有关服装、仪表及仪容的检查。与上一班的当班人员进行工作交接，对相关问题要当面问清，在交班簿上签字并阅读交班簿。

2. 了解酒店最新动态与房态

了解当天酒店内的最新动态与房态。熟悉当天抵店的 VIP 情况。检查传真等是否已交到相关的客人手中，检查有无留言、留言灯是否亮着。

3. 处理信件和传真等

午间时取出当天的报刊及宾客信件，检查完之后交给行李主管处。同时检查电传、传真等。整理、处理信件与传真等，做好当班的传真营业报表。

4. 待处理事务

将未办理完的事务详细交代给下一班服务员，如当班时有委托代办，须详细记录在专门的本册上，尽量在当班时完成，万一未能完成，则要详细交代给下一班。

5. **交接班**

将所有留言处理完之后，关掉留言灯。清理杂物，搞好柜台卫生。清点办公用品，及时进行补充。做好当天酒店内部的传真营业报表，将客人的信件寄出，进行交接。

二、问询服务细则

问询处主要接待一些非本酒店住店客人的查询，如查找住店客人的相关情况。一般来说，查询的内容主要有：客人的房号、客人是否有其他来访者。

接待这一类的查询，问询员首先应问清来访者的身份、姓名及其与住店客人的关系等，而后打电话到被查询的客人房间，客人表示同意后，才能让来访者进入楼层造访。

如果要查找的客人正好不在房间内，问询员就应严格遵照保护客人隐私权的原则，不能随便将客人的房间号码告诉来访者，更不可以随便让来人进入房间找人。

三、如何回答客人当面问询

当客人离问询处两至三步远时，酒店问询员应该主动、热情地向客人问候："先生/小姐，您好，请问有什么事吗？"

与客人对话时，要保持身姿立正、挺直，面带微笑，不能东张西望，要注意聆听客人的问询，手头工作暂停，听懂了点头，听不懂的请客人重复一遍。不可用"嗯？"等疑问词。

对客人提出的问题要尽快回答，有疑问或不知道的要请客人稍等，请同事帮忙，问询后告知客人，不能说"不知道"或"你可以问其他人"等推辞话语。

【经典案例】

有一天，赵小姐来到GB酒店总台，很礼貌地询问三天后有无回程的航班，服务员小王微笑着接待了她，弄清宾客的问题后，小王从柜台的抽屉里翻出一本名叫“航班信息小览”的小册子，认真查找起来，赵小姐站在柜台外耐心地等待。

过了一会儿，小王意识到自己对这次服务不能胜任，便请同班的一个服务员帮忙查，自己便离开了赵小姐，跑到柜台的另一端跟收银员闲聊起来。赵小姐一脸愕然，只好跟另一个服务员说了一遍所要查询的内容。

5分钟过去了，赵小姐终于得到了答复，她掏出纸笔准备记录时，这个服务员忽然慎重地告诉赵小姐：“这本信息小览年代已久，所查航班不一定确切，仅供参考。”

赵女士听后愤然地说：“请您给我一个正确的答复。”事后，前厅经理受理了赵小姐的投诉。

在本案例中，总台服务员在服务环节中存在很多问题：服务意识差；接待时对资料内容生疏，不了解一般信息；对客服务中相互推诿、应付，不负责任；让客人等候时间过长，且未致歉意。

提高前台问询服务质量，应采取以下措施：

第一，明确优质服务的含义，要求服务员能够熟练、迅速、准确地处理好一般信息和比较复杂或不常见的信息问题。

第二，树立“宾客至上”的服务意识，礼貌待客，对客人提出的任何问题能马上回复；如果暂时不能回复，则礼貌地告知客人，请客人稍候，查询后告诉客人。

第三，分类搜集、整理、存档问询信息，并建立索引。对无法回答的问题应主动为客人多方查询，并将所获信息整理入档。问讯资料要不断补充、更新和调整。

第四，加强培训，对新增信息要不定期抽查、测试，督促服务员用活这些资料，从而提高问询的服务质量。

四、如何回答电话问询服务

客人的体验和评价至关重要，而客人的问询能否得到妥善的处理就是酒店问询服务的一个重要环节。那么，如何应对客人问询呢？处理流程如何？

通常，回答宾客来电问询服务需要遵循以下三个步骤。

1. 接听电话

电话铃响三次内接听电话，用礼貌用语向客人问好；清晰地报自己所在部门；表示愿意为客人提供服务。

2. 聆听问询

认真聆听客人所讲的问题；必要时，请客人重复某些细节或含混不清的问题；重述客人问询的内容，以便客人确认。

3. 回答问询

及时、准确地给予客人满意的答复；若需查询方能找到答案，则请客人挂断电话稍候；在电脑储存的信息中查寻客人的问询内容，找到准确答案；在机台操作接通与客人房间的电话；清晰地报出所在部门，重复客人的问询要求；得到客人确认后，将答案告诉客人；待客人听清后，征询客人是否还有其他疑问之处，表示愿意提供服务。

五、留言服务

留言服务主要是针对客人离开或暂时离开客房时为防来人来访而留下的书面材料以备跟踪的服务。

1. 访客留言

访客留言一般是一式三联，先是由服务员将访客留言单填写完毕，而后交给领班检查。之后，开启客房的留言灯，把访客留言单的第一联放进钥匙架或邮件架，第二联、第三联则分别送交电话总机与行李员。其中，行李员还需要将留言单从房门底下塞入客房里。

这样，客人就可通过三种途径来获悉访客留言的内容。问询员为确保客人获知留言的内容，应将留言灯一直开启到客人拿到留言单为止。

2. 住客留言

客人为预防在其离开期间有人造访，往往也需要留言，这时就需要填写另一种留言单，即住客留言单。

住客留言单一般是一式两联，分别由问询组与电话总机保存。如有客人来访，问询员应将留言内容告知来人。

六、客房钥匙的发放

发放客房钥匙是由问询员严格控制的。问询员可以直接将钥匙发给酒店的常客或者长住客人。对于不熟悉的客人，问询员必须有礼貌地问清客人的姓名，而后将其名字与钥匙架存放的卡条、在店客人的名单、客房状况与电脑终端核对，确认无误之后，才能把钥匙交给客人。如果有疑问，还可以请客人出示房卡进行核对。

在客房钥匙的管理方面，还应注意以下几点。

1. 专人负责

应由专人负责，每天在开始工作前检查所有钥匙是否都放置在了正确的位置上。要特别注意钥匙的安全，无关人员不允许拿取钥匙。

2. 提醒离店客人归还钥匙

注意与收款员、大厅服务员及团队陪同、领队等保持联系，提醒离店的客人及时归还钥匙。

3. 钥匙的管理

要注意钥匙的保养，定期擦拭，发现有损坏应立即更换。

第四章

客房服务，重在规范化与流程化

要做好客房服务工作，离不开出色的客房服务员，更离不开整个服务环节的规范化和流程化。从入住接待、客房清洁、贵宾服务到特殊宾客服务，服务员只有吃透工作流程和特殊情况应对技巧，并按要求操作，才能把客房服务做好。

第一节　入住接待

要做好接待工作，离不开出色的接待服务员。在接待服务员的选择上要考虑诸多因素，比如相貌端正者、善于交际者、工作负责者、年轻力壮者、具有经验者、通晓接待对象语言或习俗者、与接待对象民族或宗教信仰相同者，以及与接待对象相熟者，这些都是选择接待人员时应予优先考虑的。

选定接待人员后，要进行明确的接待工作的分工，并且在必要时对接待人员进行集中培训。

一、接待处的主要职责

在客人住店期间，招待处服务员代表酒店与客人打交道，确认客人的房间预订种类和居住天数。帮助客人填写入住登记表，安排客房，尽可能落实客人的特殊要求。弄清客人的付款方式，按检查步骤跟踪监管客人的信用，防止推交房款。把客人和客房的有关信息分别记录在前厅栏目中，并将有关信息通知到酒店相关人员。

接待处服务员主要职责如下：

（1）为客人办理入住登记手续，安排客房，尽可能落实客人的特殊需求。做好预订客人抵达酒店前的准备工作，并把已预订客房留存起来。

（2）透彻理解酒店有关挂账、支票兑现和现金处理的政策和程序，懂得察看房态和记录房态的方法，了解客房位置、可出租房的类型和各种房价。

（3）用建议性促销法来销售客房并推销酒店其他服务，把离店、延期离店、提前进店等各种特殊用房信息要求通知管家部，以便共同合作，及时更新房态，保证其准确性。

（4）掌握预订工作知识，必要时能办理预订当日房和他日订房，也要懂得取消预订的程序，管理好客房钥匙，懂得如何使用前厅设备。

（5）为客人办理结账和离店手续，做好行政楼层客人的接待工作，把住店散客、团体发生的账单登记入进客账，并管理好客账。

（6）按程序为客人提供保险箱的启用和结束服务，按准确步骤处理邮件、包裹和留言。

（7）每天阅读和记录交班记事本以及布告板，了解当天酒店内举办的各种活动和会议消息。

（8）使用准确的电话礼仪，向经理汇报任何非正常事件和客人的特殊要求。

（9）了解有关安全和紧急事故处理程序，懂得预防事故的措施，保持总台区域的清洁和整齐。

（10）出席部门及班组会议，了解因业务量变化而存在调整班次的可能性。

二、前台接待工作流程

上岗前，检查自己的仪容、仪表，注意仪态，按照酒店服务员的规范上岗。仔细查看每天的活动报表，了解是否有 VIP 或酒店招待房预订或在住信息，了解会议信息，核对会议用房数，认真阅读交班簿，了解上一班待完成事项，然后签字认可跟办。

查看酒店各部门钥匙的领用、归还记录，并将钥匙分类放置。查看当天的订房信息，将预订信息输入电脑，并了解近几天的订房情况。核对房态，确保房态正确，查对当天预离店客人，并将这些信息知会收银员。

按续住客人的名单开餐券，为有早餐的入住客人开餐券，确认住店客人信息、房价已完整正确地输入电脑。如有客人换房，需要更改电脑信息，收回原客房的钥匙及开出换房通知单。核对客人要求的叫醒时间是否已通知总机，与中班服务员口头和书面交接，并随时与下一班取得联系。

三、前台接待标准

酒店总服务台接待礼仪标准主要有以下几点。

1. 工作有序

总服务台是接待客人的第一个环节和最后一个环节，工作有序，讲究效率。

如果登记住店的人很多，一定要保持冷静，有条不紊才能提高效率，必要时要增加人数，以免让客人等得太久。

2. 态度和蔼

接待客人时，前台服务员的态度要和蔼，语气轻柔，注视客人，口齿清楚。

3. 热情快捷

许多酒店前台服务员的接待工作非常繁忙，来到前台的客人形形色色，各有各的需求。因此，前台服务员总要保持热心快捷、热情好客、文雅礼貌，这有助于留住客人，影响和决定客人在酒店内下榻和停留的时间。如果前台服务员对客人冷淡或粗鲁，那将会使客人不满甚至提前离开酒店。

4. 姿势良好

前台服务员一般是站立服务，凌晨一点以后才可坐下，如有客人来，必须站立，姿势要好，不失态，不吸烟，不随口吐痰，不东倒西歪。

5. 精神集中

前台服务员在工作时要全神贯注，不要出差错。客人的姓名必须搞清楚，将客人的姓名搞错是一种失礼的行为，不能一边为客人服务一边接电话。

在工作岗位上，前台服务员不能只与一位熟悉的客人谈话并且过久。不要同时办理几件事，以免精神不集中出现差错。

6. 学会观察

酒店内人来人往，名人、明星、政治家都是经常光顾酒店的客人，前台服务员要学会观察，记录客人的个人资料以备用。

7. 对待客人要一视同仁

对待客人要一视同仁，当然，如果是对重要的客人或熟客，可以不露声色巧妙地给予照顾，让他们感到与众不同，有一种优越感，及被重视、被尊重的感觉。

其实，每一位客人都盼望自己能受到一种私人或者单独的接待。

8. 完成一切承诺

要完成对客人的一切承诺，办不成的事要直接、真诚地相告，表示自己无能为力，同时最好建议客人到能满足客人要求的地方。

9. 处理好客人的投诉

前台服务员要及时处理一些刚入住的客人的投诉。

例如，有客人抱怨某项服务有问题，前台服务员首先要向客人道歉，然后感谢客人反映此事，并表示会非常认真去处理这个问题，将予以上报并及时纠正。

具体的做法是：上报的形式是记录在投诉簿上或向主管报告，以便酒店能够采取必要的行动，纠正问题，防止此类问题再次发生。如客人对酒店的服务仍不满意，这时候可以请求上司的帮助，尽量避免使客人不满而归。

10. 随机应变

前台服务员应学会随机应变，善于处事。客人住在酒店里，经常会出现一些意想不到的事情，处理这些意想不到的问题就需要随机应变的能力。

如夜里客人突然发病，甚至死亡，或财物丢失，或订不到机票，等等，他们都会求助于前台服务员。因此，前台服务员要具备应变能力，随时准备应付各种意外，充分运用自己的智慧，得体地处理，做到临乱不慌，临危不惊，处事有方。

四、分配客房应遵循的原则

分配客房需满足客人的要求，否则会引起客人的不满，甚至引起客人的投诉。有些酒店在分配客房时，等客人到了前台才开始分，对于这种情况，在客房不紧张的情况下不会太忙乱，但如果酒店入住宾客比较多时就显得紧张了，甚至会出现无房可分的混乱局面。因此，学习分配客房的原则非常有必要。

1. 检查三天的客房预测或参加预测会议

分配客房的服务员要非常了解酒店三天的预测情况。提前三天分一些特殊的房间，比如宾客要求相邻的房间、连通房，重要客人及会员客人的房间，还有特殊套房，这样可以尽量满足一些客人的特殊要求。

了解未来三天都有哪些团队要到酒店，需要的客房数量是多少，会不会和现住的团队房间发生冲突。比如，一个比较大的团队要在第三天入住，但这个团队所要求的单间还不够，了解了这个信息后，还有两天的时间就要有意识地空出一些单间保留给这个团队。

有些酒店客房部为了加强沟通，尤其是在酒店客房非常紧张的情况下，由销售部牵头召开入住预测会议，把酒店客房预测情况通报给每一个部门，有任何问题都可以在预测会议上提出来，大家一起商量，找出解决问题的办法。

2. 根据客人的喜好和要求进行分房

这种原则要求，在酒店预订时一定要问清楚客人对客房的要求和喜好，这样分出的房间才会真正达到客人的期望。

有些酒店前台服务员抱怨，客人在前台登记时速度非常快，可是客人上楼没多久又跑下来要求换房，说房间太小而且烟味太大，客人要求一个大一点的房间而且是无烟房。

对于这些问题，服务员在分配房间时可能都没有问，或者是问了也没有按照客人的要求去分，这时候就会给前台造成很多困难。

如果在客房预订时已经和客人确定了对客房的一些要求和喜好，前台在分房时一定要看清楚客人的特殊要求和喜好，然后根据客人的要求来分。比如，客人喜欢住高层、风景比较好的房间，服务员在分房的时候一定要把这些要求看清楚，给客人分到想要的客房。

有时候客人投诉，就是因为在分配客房的时候服务员没有看清客人的需要就去分房。一般情况下，有些酒店会把客人的喜好做成一个报表。

3. 尽量遵循分房顺序

先分重要客人房、相连房、连通房、会员房。分配客房时，一定要先为重要客人和有特殊要求的客人分房。前台服务员在分配客房时应给予特别的优待，一定要先根据客人的要求和喜好分好房间，而且一般不再更改。

其他一些特殊的房间，比如相连房、连通房、高级会员房间都要在客房分配时提前分好，否则很可能导致这种房型在之前售出，而新的预订客人又要到来，已经住店的客人却没有退房的现象，造成分配客房工作的被动局面。

再分旅游团队或会议团队的房间，而且应该提前一天分房。团队房间的特点是房数比较多，对某种房型的集中需求量比较大。将团队客房分配完毕后，就可以很清晰地看到剩余的房型和其余散客的比例，这时候可以再根据散客的要求进行适当调整。

最后分单间房的预订及其他预订。分配一位客人订几间房的预订和单个预订时，如果某种房型不够，需要升级，应该按只住一晚的客人、无预订无协议散客、第一次入住酒店的客人、只预订一间房的客人的顺序来分配。这样，可以有效地保证客房的周转和使用。

五、散客客房分配技巧

对于酒店而言，有散客和团队两种类型的客人。针对不同类型的客人，需要不同的客房分配技巧。掌握这些技巧，酒店客房部服务员的工作会产生事半功倍的效果。

1. 按客人到达时间分房

一些酒店管理软件，像 Opera、Fidelio 等都有相应的报表和功能，其中有一项功能就是只要输入散客到达时间段，这段时间里的所有预订都会显示出来，而且还可以根据时间排序。

如果客人原来订房的时间是6:30，则可以在酒店管理软件里把时间段输入成6:00至8:00，6:30可能就排在了前面，这样分配起客房来就比较直观方便。

2. 提前分配或提前协调早到客人的房间

早到客人房间的分配：在客房分配允许的条件下，前一天要预留早到客人预订的相应房型及房号。如果客房非常紧张，就一定要让前台服务员做好第二天客人离店时间的确认工作。

比如，有客人8:00到酒店，但有客人6:00就离店，这个时候可以把刚离店客人的房间分给8:00到的客人。而且在做这项工作时前台服务员一定要提前和客房部协调好，提前安排相关服务员去把客房打扫干净。

3. 每20分钟催一次脏房

前台与客房部的良好沟通可以给前台分房提供很多便利。前台服务员在了解客人到达时间后，客房一经分配，就要通知客房部服务员进行打扫，然后还要不停地跟催，随时了解已分客房什么时候可以放出来。

客房部在得到房间应该在什么时间打扫出来的信息后，马上安排服务员去打扫。这样通过前厅与客房部的配合，给了客房部充足的时间来清理客房、打扫卫生，保证打扫出来的房间保质保量，避免了客人到了酒店才通知客房去打扫卫生导致时间来不及的问题。

4. 了解第二天每种房型的可用房数

前台了解了第二天每种房型的可用房数，在分配客房时就可以做到心中有数。

在某种房型比较紧张的情况下，客房服务员可以随时考虑另一种房型，比如预订的双人床房间已经没有了，那就可以考虑用大床房来代替。

与此同时，做好相应的准备工作，譬如提前和客人进行沟通，重新确定房型，免得客人到酒店后造成更多的尴尬。

5. 通过临时锁房，缓解急需客房的情况

临时锁房，就是将可用房设置成 OOO 房（OOO 是指维修房，即不能卖的房间“out of order”）。

很多酒店前台服务员经常会遇到这样的情况：客人提前到；酒店的一些常客没有进行客房预订，临时跑来住店；酒店会员根据优惠条件要求升级；团队临时要增加客房；等等。

这些问题对前台服务员而言，都是非常棘手的问题。如果可以提前锁一些需求量大的房间，当前台服务员在找不出客人要求的房间的时候，再适时把这些被临时锁的客房放出来，这一举动将会为前台运作提供很大的便利。

六、团体接待时的客房分配

1. 将离店团队的房间分给预订团队

将离店团队的房间分给预订团队，但须提前确定离店时间。

前台在分配团队客房的时候，建议把即将离店团队的房间号留给预订团队，而且最好是提前一天分好。也就是说，提前一天分好第二天要到团队的房间。这样做的好处在于，即使第二天有几间客房需要延住，前台服务员再去微调也会比较方便。

谨记，在分房的时候一定要了解清楚团队的具体离店时间，这样可以为客房部服务员留出足够的时间进行打扫。

2. 需求房数和可用房数对比

将需求房数和可用房数排列在一起进行对比，可以有效分配团队用房。

前台服务员在分团队客房的时候，有时候总觉得房间不够分，那是因为服务员对可用客房的数量还不是很清楚，建议服务员可以把团队的情况和每个楼层的实际可用房列举出来。

对于团队入住比较多的酒店，上述方法是比较适合的，但如果每天只入住一两个团队可能就不太适合了。比如北京、西安、杭州等旅游城市，很多客人都是随团旅游，他们的住宿也是旅行社给安排的，这时候把可用房数和团队的情况列举出来，然后作一些对比，分房就比较好控制了。

第二节　客房清洁

客房清洁服务是酒店的基本服务，给客人提供舒适、美观、清洁的客房需要通过客房的整理和清扫来实现，而客房清洁员承担了这一重任。

一、客房房态种类

客房是酒店的重要设施。房态即客房的状态，一般分住房、退房、空房、维修房等四种。维修房的房间尚待维修，暂不能使用。

客房一般由卧室与卫生间两大部分组成，为客人提供短暂住宿及服务的场所。根据不同类型客人的需要，设计了不同类型的客房。客房主要分以下几种。

1. 单人间

配备一张单人床的单间客房叫单人间。单人间内有独立的卫生间，适用于单身客人。

2. 双人间

双人间分为两种：大床客房和标准间。

大床客房内放有一张双人床，适于夫妻同住。新婚夫妇使用时，称为“蜜月客房”。

标准间内放有两张单人床，可住两位客人。宾馆酒店绝大多数的客房都是标准间。

3. 三人间

三人间是指可以供三位客人同时住宿的房间，客房里放有三张单人床。需要时可将标准间改成三人间，即在标准间内加一张单人床。

高档宾馆一般不设三人间。

4. **套房**

套房又称为连通房，是指中间有门连通的两间客房，其中一间为起居室，另一间为卧室。卧室内放置一张双人床或两张单人床。

5. **豪华套房**

豪华套房的室内陈设、床具及卫生间用品等都比较高级豪华，通常三间以上为一套，分卧室、客厅、酒吧间等。

6. **总统套房**

总统套房由多间客房组成，室内设备、用品华丽而且名贵。套房内分总统房、夫人房、随从房、警卫室，另外还有客厅、办公室、会议室、娱乐室、书房、健身房、餐厅、厨房等。

男女卫生间分用，还有桑拿浴室、按摩浴室等高级设施。整个套房的装饰高雅豪华。

二、清洁卫生的标准和要求

1. **客房清理的标准**

清洁客房要做到“七无”、“六洁”、“两消毒”、“一干净”。

“七无”是指：无“六害”（蚊子、苍蝇、蟑螂、老鼠、臭虫、跳蚤）、无积尘、无杂物、无异味、无蛛网、无污渍、无卫生死角。

“六洁”是指：室内外环境清洁，床上用品清洁，家具设备清洁，卫生间清洁，工作间、储物室、行李室清洁，职工工作服清洁。

“两消毒”是指：茶具饮具消毒、卫生间洁具消毒。

“一干净”是指：员工个人卫生干净。

2. **客房清洁的要求**

保持客房清洁卫生，每天上午每一间客房都要全面清洁一次；客人外出一次，跟房一次，小整一次。

保持环境卫生，包括客厅、走廊前后楼梯、电梯、公共卫生间、工作间、行李房、储物室等，要坚持早上、中午、晚上清洁三次，实行勤扫、勤扶、勤洗、勤拖、勤吸尘，随脏随清洁。

床上用品要做到一客一换，旅客退房更换被套、枕套、床单等；常住房的布草至少三天一换，随脏随换。

客房的茶具、饮具要每天撤换；在公共区域的茶具、饮具要保证每客一换。撤换出来的茶具、饮具要实行“一冲、二擦、三洗、四消毒、五保管”，茶具、饮具的消毒做到“三专”，即专室、专用设备、专人管理。

客房部服务员的个人卫生要做到“三勤”：勤洗澡、理发，勤洗手、剪指甲，勤换衣服。

定期喷施药物灭害，发现蚊子、苍蝇、蟑螂等“六害”要及时处理。

3. 客房的整理

整理客房的主要工作：检查房间、清理卧具、打扫卫生、陈设布置。

整理的次序：首先整理客人要求清洁的房间，其次整理走房，然后整理例房，最后整理空房。

客房整理的原则：先上后下、先里后外、先干后湿、先卧室再卫生间，环形整理，注意墙边角。

三、清扫客房的步骤

1. 准备工作

领取客房的钥匙，了解客房的状态。将自己负责的客房分成退房、住房、预走房、空房、维修房等几类，根据分类来决定清扫客房的顺序。

准备清扫用的工作车，工作车是酒店清洁员整理、清扫房间的主要工具，检查工作车上的用品是否齐全、工作车是否好用，这些都会直接影响清洁工作的效率。

将布草袋挂在清洁车的挂钩上，塑料清洁桶、胶皮手套、毛刷、百洁布等物品放在清洁车最底层的一侧。将干净布草分类摆进车内，房间用品整齐摆放在上格。清洁剂挂在清洁车的头部，准备干、湿抹布，搭在清洁车的扶手上，并带好吸尘器。

2. 清洁工作

到客房门口，停好清洁车，敲一敲客房的门（轻敲三下），然后打开客房门，打开客房的窗帘，撤出客人用过的用品、用具，倒去茶杯里的茶水，扫掉屋角旮旯的蛛网、尘污，清去所有垃圾杂物。

铺好床上用品，抹家具、设备，按陈设布置的要求补充好摆设用品、用具，然后清洗卫生间。

接下来给房里地面吸尘，看清洁卫生和陈设布置的效果，关窗帘、关灯、关门，填写客房清洁日报表。

客房的清扫工作一般在客人外出时进行，如果客人整天不出门，则要请示客人，抽空打扫。

住客的清洁程序与退房一样，但要注意以下几点。

（1）进入客房前，清洁员应先敲门或按门铃并自报身份，房中无人方可直接拿钥匙开门；房间有人时，要得到客人的同意，等候客人开门。

（2）将客人的文件、杂志、书报等稍加整理，注意整理的顺序，不要弄错位置，更不得翻看。

（3）除扔在垃圾桶里的东西外，即使是客人放在地上的东西，也不要擅自处理，只能替客人作简单的整理。

（4）客人放在床上或搭在椅子上的衣服如不整齐，要帮客人挂到衣柜里，睡衣、内衣也要挂好或叠好放在床上。客人洗过的衣物如挂在空调出风口、窗帘杆、落地灯架或床头灯架上，应取下来挂到卫生间浴帘杆上。

（5）女性用的化妆品稍加收拾，但不要挪动其原来的位置，即使化妆品用完，也不得将空瓶、纸盒扔掉。

（6）要特别留意尽量不触动客人的物品，更不要随意触摸客人的贵重物品。

（7）整理完客房要离开时，若客人不在，要切断电源锁好门；若客人在房，要礼貌地向客人道歉：“对不起，打扰了。”然后退出房间，轻轻关上房门。

四、客房卫生间的整理规程

客房卫生间的整理规程如下：撤出布草及用过的用品、用具，清去垃圾杂物，用水冲洁具、瓷片等，用清洁剂擦、洗洁具、瓷片、地面等，洗去泡沫、污水，抹干净所有的设备物件，给坐厕消毒，补充卫生间用品并摆好。

检查一遍整理的效果，最后半关浴帘、关灯、半关门。

第三节　贵宾服务

为做好贵宾接待服务工作，树立酒店品牌形象，需要制定贵宾接待服务程序。

贵宾分为以下几个等级。

第一类是特级贵宾，包括国内外有杰出影响的政治家、政府官员，国际上有影响的人士，对酒店的经营与发展有重要影响的人士。

第二类是A级贵宾，包括国内外著名企业、集团、酒店、旅行社总裁，副省（部）以上政府官员或领导，国家旅游局正局级以上领导，国内外文化界、艺术界、教育界、体育界知名人士及社会名流，对酒店的经营与发展有重要贡献或影响的人士。

第三类是B级贵宾，包括厅（局）级以下政府官员或领导，各地企业界、金融界、新闻界人士及社会名流，国家副局级领导、国家旅游局正处级领导、省旅游局副局级领导，星级酒店、旅行社总经理、副总经理等旅游业人士，对酒店经营与发展有较重要影响的人士。

一、贵宾抵达前应做哪些准备

贵宾等级确定后，承接部门提前下发《贵宾接待通知单》，注明贵宾等级及相关部门的接待服务和接待准备要求。

相关部门收到《贵宾接待通知单》后，立即在部门内传达，按要求做好相应的贵宾接待准备和检查工作。

制作专门欢迎横幅和水牌。餐饮、娱乐、客房、前厅四大经营部门各抽2名咨客穿着统一红色旗袍提前15分钟在酒店大堂门口迎客。

酒店总经理亲率各部门正副经理穿齐制服提前15分钟在大堂门口列队欢迎客人。

客人的车队到达后，车场保安立刻行“军礼”，并迅速为客人打开车门。如下雨，保安部还须备好雨伞为客人挡雨。

在接待贵宾时，要坚持互相尊重、平等相待、礼待宾客、主随客便的原则。从具体上讲，在接待不同身份的贵宾时，其着重点又应各有不同。

例如，接待少数民族贵宾，应强调尊重其特有的风俗习惯；接待中央首长，应强调安全保卫；接待宗教界人士，则应强调遵守党的宗教政策。

迎宾首先要注重接待日程，即接待客人的具体日期安排，基本内容包括迎送、会见、参观、游览等。接待日程一旦确定，应立即向客人通报。

在接待时，安全保卫与宣传报道这两项工作应列入重点计划之内。安全保卫工作一定要“谨小慎微”，不但思想上要高度重视，制定预案，而且还需要注重细节，从严要求。

如果需要为客人提供交通工具，应努力满足；需要帮忙联系交通工具时，应尽力而为；当客人自备交通工具时，则应提供一切所能提供的便利。

1. 座次

在比较正规的场合，乘坐轿车时一定要分清座位的主次。如果是双排座或三排座轿车，要遵循下列规则。

由主人亲自驾驶轿车时，一般前排座为上，后排座为下；以右为上，以左为下。最重要的是不能令前排座空着。

由专职司机驾驶轿车时，座次变化为后排为上，前排为下。通常以右、中为尊，以左为卑。

多排位次的大中型轿车，不论由何人驾驶，均以前排为上，以后排为下，以右为尊，以左为卑，并按照距离前门的远近来排定具体座次的高低。

2. 上下车顺序

上下轿车的先后顺序通常是：尊长、客人先上后下，秘书或其他陪同人员后上先下。上下车时，秘书人员都应协助尊长、客人开启车门。

从安全、视觉、服务角度考虑，有如下几点需要注意。

从安全角度考虑，最安全的是后排左座，最不安全的是副驾驶位置。

从视觉角度考虑，应该是前排右座最好（副驾驶室座位），视线宽广，可以欣赏沿途风景。

从服务角度考虑，应该是后排右座最重要。因为在我国车辆遵循是靠右行驶的准则，坐后排右座者，伸腿上车抬腿下车，便于秘书等随行人员为其开关车门。出入高档场所或重大活动更能体现此座者的重要性。

此外，女士上车时不要一只脚先踏入车内，更不要爬进车里，应先站在座位边上，把身体降低，让臀部坐到位子上，再将双腿一起收进车里，双膝一定要保持合并的姿势。下车时双脚着地后，再移身车外。

二、贵宾接待流程

客房部接到公关销售部下发的《贵宾接待通知单》后，立即仔细阅读并记录在案。由客房部代表人员参加公关销售部召集的接待贵宾协调会议，明确接待任务和要求。

客房部经理召集本部门主管以上人员召开会议，制订部门接待计划，责任落实到人。各岗位服务人员必须熟记贵宾的人数、姓名、身份、在店时间、活动过程等内容。各级管理人员逐级检查下级准备工作的完成情况，要求逐条落实。

工程人员做好贵宾用房的检查工作，确保客房设备使用无误。保证贵宾房设施设备始终处于良好状态。

贵宾入住前两个小时按等级标准摆设好鲜花和果篮。贵宾为外籍，应按照贵宾国籍送英文报纸；内宾送当日商报。将电视调至贵宾母语频道。贵宾抵达下榻酒店前 30 分钟，打开房门，开启室内照明灯饰、空调、冰箱等。同时，贵宾抵达酒店前 30 分钟，保证从一楼门口至楼梯口铺设红地毯完毕，随时保持地毯的清洁。

在贵宾抵店时，客房部立即电话通知相关部门。贵宾抵店，由客房部经理率当值人员在楼层迎接。贵宾入住三分钟内，根据贵宾人数送上欢迎茶。

贵宾在店期间，客房部当值服务员应密切配合保安人员做好保卫工作。热情礼貌、准确有效地答复贵宾提出的问题，无差错地做好贵宾在店期间的各项服务工作。

三、礼宾的次序

礼宾序列是指在同一时间或同一地点接待来自不同国家、不同地区、不同团体、不同单位、不同部门、不同身份的多方客人时，接待方应依照约定俗成的方式，对其尊卑、先后的顺序或位次进行具体排列。

我国所执行的礼宾次序的基本排列方式主要有如下五种。

1. 排列字母

按国际惯例，在举行涉外性质的大型国际会议或国际体育比赛时，可依据参加者所属国家或地区名称的首位拉丁字母的先后顺序进行排列。若其名称的首位字母相同，则可依据其第二位字母的先后顺序进行排列。依此类推。

2. 排列职务

在正式场合接待多方客人时，往往会依据其具体的行政职务的高低进行排列。对于担任同一行政职务者，可按其资历，即任职的早晚排列。对于已不再担任行政职务者，则可参照其原职进行排列，但讲究将其排在担任现职者之后。若是接待团体客人，其团长或领队的职务的高低则是为其进行排列的基本依据。

3. 报名先后

举办大型展示会、招商会、博览会等商贸类活动，可依据客人正式报名参加活动的迟早进行排列。

4. 抵达早晚

对于各类非正式活动的参加者，或驻外机构的负责人，可依据其正式抵达现场的时间顺序进行排列。这种方式又叫“先来后到”。

5. 不作排列

在难以用其他方式进行排列时，这是一种特殊变通方式的排列，此种方式又称“不排名”。

为避免客人产生疑问或不满，接待方不管采用哪一种礼宾排序方式，都需要以适当的形式提前向客人进行必要的通报。

四、贵宾住店期间应如何服务

客房部需要根据《贵宾接待通知单》与接待方面联系，尽早确定房号。在贵宾抵达酒店前准备好客房，特级贵宾须全部使用新布草，确保设备的安全正常。

与前厅、餐饮部及其他有关部门联系，把应准备的鲜花、水果、名酒、饮料、香烟等物品在规定时间内准备完毕，严格按照贵宾招待的规格摆放整齐，并放置酒店领导的名片和欢迎词。

按照贵宾等级进行物品配备，如下列所示。

1. 果篮

果篮要摆放在茶几上。

特级果篮放置水果6种，A级果篮放置水果4种以上，B级果篮放置水果3种以上。

每一个果篮要配备两块口布、两副刀叉、两个洗手盅，茶几上摆放酒店总经理欢迎卡。

2. 酒水

招待特级贵宾需要提供酒水，招待A、B级贵宾可以根据情况提供酒水。

酒水摆放在mini－bar（迷你吧台）内。红酒配红酒篮、两只红酒杯、适量干果，白葡萄酒配冰桶、一块白口布（折叠成长条状）、两只白酒杯。同时，酒水要配备开瓶器，配备高档筒装散茶3种（龙井、乌龙、茉莉）。

3. 花篮

特级花篮：200元以内；A级花篮：120元以内；B级花篮：60元以内。花篮摆放位置根据房型和房间摆设情况确定。

4. 小冰箱

冰箱内配备酒水的品种齐全，并配备冰块。

5. 阅读用品

按酒店规定摆放报纸，根据客人的喜好配备适当的书籍、杂志等资料。

在贵宾抵达酒店前半小时，调好客房的空调，禁止任何人再出入。

客房部经理应引领贵宾进入客房，服务员在楼层贵宾房间门口迎候。

服务员为贵宾开门，并向其问好，提前准备热毛巾和欢迎茶。

贵宾住店期间，服务员应熟记贵宾姓名、职务或头衔，贵宾外出时应立即通知大堂副理、部门经理或客房中心。客房部应增加贵宾所在楼层的服务员数量，提供管家式服务。

根据贵宾的起居情况优先安排贵宾客房的清扫工作，并做到一离一小整。水果、酒水随时补充，垃圾每次清扫都要撤走，毛巾、布草随用随换。每次清扫完毕后，须由领班在10分钟内进行检查，客房部经理应坚持每天亲自检查贵宾房。

根据贵宾的喜好及时调整客房的清洁时间，灵活处理夜床服务时间、室温的高低、枕头的软硬、酒水的品种等。

五、如何为贵宾安排迎送活动

送别是接待方必须高度重视和悉心以对的，送别礼仪必不可少。

如果接待正式来访的重要客人，有时可酌情为其安排送别活动，以示对对方的重视与礼遇。负责迎送活动时，需要注意两大问题。

1. 明确时间与地点

对于远道而来的客人，接待方安排专人为其迎来送往在所难免。负责迎送客人者所须重视的是，一定要提前与对方商定双方会合的时间与地点，而且通常还应讲究主随客便。必要时，在客人正式动身前，接待人员还须再次与对方进行确认。

2. 限制迎送的规模

根据接待礼仪简化的要求，有必要对迎送规模加以限制。在接待内宾时，通常不应安排专门的迎送仪式。即便有必要组织一般性迎送时，亦应务实从简，在参加人数、主人身份、车辆档次与数量上严格限制。

第四节　特殊宾客服务

一、如何为醉客服务

发现客人饮酒过量时，客房部服务员需要为客人送解酒的饮品，比如淡茶、酸奶等，安顿客人休息，房间留灯。

服务员需要提醒客人，不要让客人醉酒时卧床吸烟，防止因其行动不便，导致引燃客房用品，引起客房火灾，危及客人财产与生命安全。

如客房服务员发现个别客人在醉酒后玩弄打火机，应迅速通知前厅礼宾部，将醉客带至安全场所，以防火灾事故发生。

醉客如果纠缠不休，客房服务员要礼貌回避，不要用“您是不是喝多了”等刺激语言激怒客人，而用“您用茶吗”，“请早点休息吧”等礼貌语言劝客人早进房间。

客房服务员对大吵大闹的醉客要密切监视，一般不予干涉，报告楼层主管，并通知礼宾部。对客人醉后破坏公物、侵害他人的行为，要迅速通知礼宾部派人制止。

客房服务员对倒地不醒的醉客要报告楼层主管，并通知礼宾部，同礼宾部人员一起将客人搀扶至客人的房间，切不可单独搀扶客人进房间或单独帮助客人就寝。

如果醉客到处呕吐，甚至弄脏床上用品、地毯、窗帘等客房物品，客房服务员要报告楼层主管。楼层主管接到服务员的报告后到房间查看，根据客人醉酒的情况先安顿让客人休息。对弄脏的现场保护好，做好记录，待客人酒醒后请客人按客房规定赔偿。

夜间客房服务员要注意加强醉客房间外的巡视，做好工作记录。一旦发现可疑情况，及时报告楼层主管或礼宾部，进入房间检查。

二、如何为残疾人服务

服务员帮助残疾的客人就座，尽量安排他们在离门口较近的座位上就座。

对于走路不方便的客人，服务员须给予必要的帮助，如帮助推车、拿物品等。

就座时，须协助残疾客人搬椅子，挪动桌子。服务周到，并有耐心，不得催促客人。服务时，须给残疾客人细心的照顾，随时了解他们的特殊要求。

如果客人在拿取食物、涮烫食物时有困难，服务员须尽量帮助客人。当客人站起来时，服务员应及时给予帮助。

三、如何为病客服务

客人患心脏病、高血压等疾病，因为救治不当、救治不及时导致客人在客房死亡的情况，会给酒店客房管理带来很多意想不到的麻烦，甚至有的酒店还因此承受了额外的经济负担。

如何为生病的客人服务，成为酒店客房部不得不考虑的问题。比如，某酒店客房服务员到客房为客人送水时，发现客人的异常反应，应该主动关心客人；发现客人腰痛，应主动为客人拿出药品，缓解客人的不适。

客房服务员根据常识和经验判断客人的一些异常反应，为客人提供超常的服务。但毕竟客房服务员缺乏专业的医务知识和医务技能，在面临客人复杂的生病情况时应该谨慎。

当客房服务员发现客人有不适症状时，应主动报告酒店医疗室医生，由医生决定处理意见；或建议客人去当地正规的医院就诊，酒店可以提供必要的帮助。

另外，当客人需要酒店服务员为其代买药品时，首先要婉言向客人说明，酒店规定不准为客人代买药品，再向客人推荐酒店的医务室。

第五章

餐饮服务，精细化才能留住顾客

餐饮服务是个精细化的活儿，不仅包括一系列餐饮规矩和服务礼仪，还包括接引客人、点菜服务、酒水服务、上菜服务、餐间服务等一系列环节，流程复杂，也最容易出错，这就对酒店中负责餐饮部分的服务员提出了更高的要求。

第一节　接待客人

一、引领客人入位服务流程

1. 问候客人

当客人来到酒店餐厅时，领位服务员应热情、礼貌地问候客人。在问候客人时，需要遵循女士优先的原则，并使用专业语言问候客人。如果知道客人的姓名或职务，应称呼客人的姓名或职务。

2. 确定客人的预订

确定客人是否有餐饮预订，如客人尚未预订，应立即为客人提供预订服务。

询问客人是否吸烟，如果客人不吸烟，要请客人在非吸烟服务区就座。

3. 协助客人存放衣物

服务员协助客人将衣物存入衣帽间内，并提示客人要注意保管好贵重物品。放好衣物后，将取衣牌交给客人。

4. 引领客人入位

领位服务员左手拿菜牌，右手为客人指示方向。在引领客人进酒店餐厅时，领位服务员需要与客人保持规定的距离1～1.5米。

将客人带到其预订的餐桌前，并征询客人的意见。帮助客人轻轻地从餐座前搬开座椅，并请客人入座。

当客人入座以后，领位服务员打开菜单的第一页，站在客人的右侧按照先宾后主、女士优先的原则，请客人看菜单、点菜，依次把菜单送至客人手中，告诉客人今天餐厅推荐菜品的内容，并大概介绍其特点。

二、宴席不同方位的尊卑之分

一般主陪位置在面对房门的位置，或是背靠墙、柜台的位置，副主陪在主陪的对面，1 号客人在主陪的右手，2 号客人在主陪的左手，3 号客人在副主陪的右手，4 号客人在副主陪的左手，其他可以随意。

餐桌的位置基本就是这些，主陪、主宾、副陪、副主宾这四个位置也基本是一样的。以上主陪的位置是按普通宴席而定，如果场景有特殊因素，应视情况而定。

若人多，可参照以下的规则。

1. 主陪位置

主陪是请客一方的第一顺位，即请客的最高职位者，或陪酒的最尊贵的人。位置在正冲门口之处。主要作用就是充任庄主，把握本次宴请的时间、喝酒程度等。

2. 副陪位置

副陪是请客一方的第二顺位，是陪客者里面第二位尊贵的人。位置在主陪的对面，即背对门口。这个位置更多的是带动客人喝酒。

3. 三陪位置

这个位置在主陪的右手边第二位置。他的主要作用是跟主陪一左一右把主宾夹在中间，便于照顾。

4. 主宾位置

主宾是客人一方的第一顺位，是客人里面职位最高者或地位最尊贵者坐的地方。位置在主陪的右手边第一位置。

5. 副主宾位置

是客人一方的第二顺位。位置在主陪的左手边第一位置。

6. 三宾位置

三宾是客人一方的第三顺位。位置在副陪的右手边第一位置。

7. 四宾位置

四宾是客人一方的第四顺位。位置在副陪的左手边第一位置。

从上面看出，整个位置是按照主陪位置的确认而定的。那么如何确认主陪的位置？有以下两种办法。

（1）根据餐巾的摆放。一般情况下，由于各地餐巾的折叠方式不同，从形状上很难区分。但主陪的餐巾折叠是最高的，或者主陪位置的餐巾颜色跟其他不同。

（2）根据筷子。比较正规的酒店，主陪和副陪位置的筷子是各两双，俗称“公筷”。

三、引领、行进电梯的位次礼仪

乘坐电梯是常有的事，如果是酒店服务员一个人乘坐电梯倒没什么太大的讲究，如果是在迎送客人或者和众人一起乘坐电梯，那就有讲究了。

1. 进出电梯礼仪

进出电梯时，一般是长者、尊者、女士优先。

陪同客人乘坐电梯时，服务员先按电梯呼梯按钮，待轿厢到达厅门打开时，若客人不止一人，服务员可先行进入电梯，一手按“开门”按钮，另一手按住电梯侧门，礼貌地说“请进”，让客人们进入电梯轿厢。到达目的楼层后，服务员一手按住“开门”按钮，另一手做“请出”的动作，可说：“到了，您先请。”

因电梯空间很小，所以讲话时最好不要有过大的手势动作，以免打到别人。尤其是在和上级或客人同乘电梯时，更要注意举止。

2. 乘坐电梯礼仪

乘坐电梯时，一般是面门而立，在陪同客人时，可适当侧向客人，说几句客套话，切忌沉默寡言。当电梯即将关门时，不要扒门，或强行挤入。如果乘坐电梯的人过多，有超载的危险，最好是耐心等待下一趟。特别是陪同客人时，更要为客人的安全着想。

电梯内不要吸烟、大声喧哗，不要扔垃圾、吐痰。

3. 突发事件的处理

电梯发生突发情况时，需要保持镇定，并且安慰困在一起的人不要惊慌。利用警钟、对讲机或手机向电梯技工或者消防员求援，还可以拍门叫喊。千万不要尝试强行推开电梯内门，即使能打开，也未必够得着外门，这样反而可能将手夹住。

电梯天花板若有紧急出口，也不要爬出去。出口板一旦打开，安全开关就使电梯刹住不动。但如果出口板意外关上，电梯就可能突然开动令人失去平衡。在漆黑的电梯槽里，可能被电梯的缆索绊倒，或因踩到油垢而滑倒，从而从电梯顶上摔下去。

电梯如果发生了下坠，要减少对身体的伤害可以从以下几个方面来做：不论有几层楼，把每一层楼的按键都按下；如果电梯内有手把，用一只手紧握手把；背部跟头部紧贴电梯内墙，膝盖呈弯曲姿势。

四、团体用餐服务

团体用餐在每家酒店中都占有极其重要的地位，特别是旅游类酒店，每年所接待的旅游客人中，旅行团占有很大的比例，很多酒店承接婚宴、会议宴会等，团体用餐服务在餐厅服务也占有重要比例。所以，要提高酒店餐饮服务质量，必须重视提高接待团体客人的能力。

1. 团体用餐服务的特点

团体用餐与一般餐厅服务接待有很多不同的地方，如台面布置和基本服务等。团体用餐的计划性较强，一般都是用餐团队事先确定标准、人数、用餐时间等。

酒店餐饮部要充分了解团体客人的组成、饮食习惯、禁忌和各种特殊要求。掌握团体用餐情况，合理调节菜单。

团体用餐可以安排在一个独立的餐厅，也可以有所分隔地集中在餐厅的里侧一角。团体用餐的餐桌应该事先按照团体的人数来布置，餐桌上可以摆上团体名称卡。

2. 团体用餐的基本步骤和程序

团队服务时，待客人进入餐厅，服务员礼貌地向客人问好，问清团体的名称，核对团队的人数，迅速引领客人到预定、准备好的餐桌进行入座。

服务员必须注意，避免让大批客人围在餐厅门口，影响其他客人出入。到达团队入座的餐桌后，服务员要热情周到地招呼客人入座，为年老或行动不便的客人拉椅让座。

迅速递上香巾，尤其是旅游类酒店，这对游览回来、未及进客房的团体客人更显得重要。问客人需要什么茶水，准备茶水，迅速给客人斟茶，根据需要最好备有冰茶。

接下来是上菜服务，将精心烹饪的菜肴按桌端上，主动向客人介绍具有地方特色的菜肴，增添愉悦的用餐气氛，消除客人的疲劳。为客人分菜、分汤，为客人做好酒水服务。根据需要随时为客人换骨碟，添酒水饮料。

客人用餐完毕，递上香巾，斟上热茶，征求客人对菜肴的意见，收集客人的特殊要求，以便迅速请示落实。客人离座时，应为年老行动不便的客人拉椅、扶持，多谢客人光临。最后，在餐厅门口的引领服务员笑脸送客，向客人道再见。

五、打口布、撤筷套流程

餐饮服务员拉口布动作规范：打口布、撤筷套站在客人右侧，从主宾开始，运用服务语言，侧身站立，右脚在前，左脚在后，右手拿口布1/3处，置于客人身后，将口布打开，正面朝上，右手在前，左手在后，平铺在客人腿上或接碟下面，压于口布1/3处，将口布原路返回；将筷子放于筷架上，左手拿住筷套，用食指、无名指别住筷套的1/2处，顺时针遵循三步走。

六、小毛巾服务的步骤与规范

使用餐巾，主要是防止弄脏衣服，兼擦嘴及手上的油渍。必须等到大家坐定后，才可使用餐巾。餐巾摊开后，应放在大腿上，切勿系人腰带，或挂在西装领口。切忌用餐巾擦拭餐具。

餐巾有四种使用方式。

1. 餐巾主要是用来擦拭嘴巴

餐巾是为了预防调味汁滴落，弄脏衣物。但是，餐巾最主要的功能还是用来擦拭嘴巴。如果客人吃了油腻的食物后满嘴油渍，以这副尊容与人说话委实不雅，何况喝酒时还会把油渍留在玻璃杯上，更是难看。

如果女士化的妆较浓，比如用深色的口红，口红也同样要用餐巾略擦一擦，避免唇印沾在酒杯上。

2. 莫把餐巾当围嘴

从餐桌上拿起餐巾，先对折，再将褶线朝向自己，摊在腿上。绝不能把餐巾抖开如围兜般围在脖子上或塞在领口。把餐巾的一角塞进腰带里也是错误的方法。假如衣服的质地较滑，餐巾容易滑落，那应该以较不醒目的方法将餐巾的一角塞进腰带里，或左右两端压在大腿下。

3. 中途离席，餐巾莫摆桌子上

在宴会中途，如果客人暂时离席，须把餐巾从餐桌上垂下一角。宴席中最好避免中途离席。暂时离席时，许多人会把餐巾叠好放在椅子上，这种处理方式并没有错，因为餐巾摆放在桌上容易被误会已经离席。

其实，最理想的方式是用盘子或刀子压住餐巾的一角，让它从桌沿垂下，当然，脏的那一面朝内侧才雅观。

4. 餐巾用毕无须折叠整齐

用餐完毕要站起来，首先将腿上的餐巾拿起，随意叠好，再把餐巾放在餐桌的左侧，然后起身离座。

如果站起来后才甩动或折叠餐巾就有失礼节了。餐巾用完后没有必要折叠得太过整齐，但也不能随便搓成一团。

七、茶水服务工作标准

1. 点茶

向客人推荐本餐厅所提供的各种茶叶品种，请客人点茶。接收到客人所点的茶叶品种后，立即为客人冲茶，6 位以下客人冲一壶茶，7 位以上客人冲两壶茶，冲茶的水须滚烫。

2. 斟茶

茶泡好以后，服务员要为客人斟茶。斟茶时，注意先宾后主的次序，遵循女士优先的原则。

斟茶时，服务员一只手端壶把，另一只手按壶盖，茶水斟满茶杯的 4/5 为好。在斟茶时要注意，茶杯把偏右，壶嘴朝外，不要对着客人。

斟完茶后，礼貌地请客人用茶，若有两个茶壶，应将茶壶对称摆放在餐桌上。

3. 加水

当茶壶内的水只剩下 1/3 左右时，需要为客人添加开水。

如果发现茶水颜色被冲淡了，要主动询问客人是否需要更换新茶叶；如果客人同意更换，要立即满足客人的要求。

第二节　点菜服务

为客人点菜是餐厅服务的主要环节，是餐厅服务人员的服务语言、专业知识和服务技巧的集中体现，体现了餐厅服务员的综合从业素质。

点菜的基本程序从形式上看比较简单，主要包括：递送茶水、手巾→递送菜单→等候接受点菜→点菜点酒→提供建议→记录菜名和酒水→复述确认→礼貌致谢。

一、中餐点菜的顺序

中餐点菜的顺序是：开胃菜、主菜、点心。一般情况下，点菜肴遵循这个顺序。

点菜时，要注意搭配。荤素搭配，肉类不宜太多。软硬搭配，要照顾到老人和孩子，注意油腻食物不宜太多。色彩搭配，要注意整体色彩协调，色彩要尽量清爽诱人。口味搭配，要注意酸、甜、苦、辣相宜，尽量满足大多数人的口味嗜好。冷热搭配，注意凉菜不要太多。

上菜顺序：中餐的上菜顺序一般先凉后热，先炒后烧，清淡的先上，味浓的后上。

具体的顺序是：茶、凉菜、热炒、大菜、甜菜、点心、水果。大宴一般讲究 1 ～ 2 成的冷菜，3 ～ 4 成的热炒和 4 成大菜。

二、西餐点菜的顺序

点菜是一门学问，在点菜时，需要注意以下三点。

第一，点菜的时候要根据实际情况，不要点得太多，如果点太多吃不完反而是不礼貌的行为。

第二，点菜的时候并不是一定从头盘开始点，可以先选一样最喜欢的主菜，再配上适合主菜的汤。

第三，点菜时会有精于品酒的调酒师过来，如果你不了解酒，可以告诉调酒师自己所选的菜色、喜爱的酒类口味，请其帮忙选择。一般主菜是肉类，应选择红酒搭配；如果是鱼类，最好搭配白酒。

全套的西餐上菜程序是头盘、汤、副菜、主菜。头盘也称开胃品，内容一般有冷头盘和热头盘之分。常见的品种有鱼子酱、鹅肝酱、鸡尾杯等。开胃菜一般有特色风味，味道以咸酸为主。

西餐的汤大致可分为清汤、奶油汤、蔬菜汤和冷汤等。品种有牛尾清汤、各式奶油汤、海鲜汤等。

鱼类菜肴一般作为西餐的副菜。品种包括各种淡水鱼类、海水鱼类、贝类及软体动物类。通常把蛋类、面包类、酥盒菜肴也称为副菜。

主菜，一般是肉、禽类等菜肴。肉类菜肴的原料取自牛、羊、猪、小牛仔等各个部位的肉，其中最有代表性的是牛肉或牛排。

三、点餐基本步骤与方法

1. 问候客人

服务员首先要热情、礼貌地问候客人，如“早上好，小姐，很高兴为您服务”，“晚上好，先生，很高兴为您服务”。

接下来，服务员要作自我介绍，如“我是服务员小刘”。之后，征询客人是否可以点菜，如“请问现在可以为您点菜吗”。

2. 介绍、推荐菜肴

服务员在向客人介绍菜单时，要做好客人的参谋，适时、适当地向客人推销、推荐餐厅的时令菜、特色菜、畅销菜、高档菜等。

用看、听、问的方法来判断客人的需求，为客人推荐菜肴时，注意原料、口味、烹调方法、高低价格等方面的搭配；要时刻体现出对客人的重视和关心，提供情感式的服务。

必要时，对客人所点的菜量、数量和食品搭配提出合理化建议。向客人作菜肴介绍时，应突出重点并有针对性，对某些特殊情况要做好事前说明，比如某种菜缺货、某种菜出锅比较慢等。

服务员要熟悉菜单，熟悉菜单中各种菜品的特殊性，对客人所点菜肴要做到了如指掌。

3. 向客人解释菜单

菜单上的每道菜都由菜名、价格和描述三部分组成，其中每部分都有独特的含义。现将涉及的有关内容分述如下。

第一，数量表示。食品、饮料服务都有量的概念。用量的大小表示方法有：用大、中、小表示，如大碗面、中碗面、小碗面。用具体数字表示，如三块炸鸡；用器皿表示，如一汤碗、一茶杯；用重量表示，如千克、克等，比如烤鱼一斤多少钱。

菜单上的菜品数量的表示要符合人们的习惯，要具体清楚，不要给客人错误的信息。

第二，质量表示。食品、饮料的卫生要符合国家标准。菜单上菜品质量的表示，描述各道菜有关肉、鱼、禽、蔬菜等品种部位特征的词要名副其实，不能弄虚作假。

第三，价格表示。价格要在菜单上醒目地表示出来，不能蒙骗客人，要让客人明明白白地消费。

第四，缺货菜品的解释。如果某种菜品暂时无货了，服务员要建议客人改点其他菜肴，或推荐同类同价位的菜肴，或推荐餐厅的特色菜。

4. 记录客人点菜的方法

第一种方法，使用点菜备忘单记录。应将餐厅所有酒菜印在点菜备忘单上，服务员只需根据客人的点菜在便笺上所点菜名前作出标记即可。点菜备忘单一式两份，一份留给客人，另一份送到厨房。若客人变更他们所点的菜时，服务员在点菜备忘单上划掉，就可防止混乱。

这种方法非常简单，多用于早餐和客房餐饮服务。

第二种方法，使用便笺记录点菜。由服务员在客人点菜之前在点菜便笺上写明客人的餐桌号、进餐人数、日期、服务员自己的名字，并按自编系统或缩写记录桌上每个人的位置，然后再记录每一个人的点菜。

记录餐桌上客人的位置可以自编系统，自编系统主要有以下几种方法。

（1）服务员要站在餐桌左角，站在客人的左侧，身体略向前倾，记录点菜时从服务员右边的客人开始。

（2）以餐桌上某个客人作参照，比如从穿蓝色外套的女士开始。

（3）按东南西北顺时针方向旋转进行。

（4）把每一桌的椅子仿照固定的位置加以编号。利用窗户、大门等明显的目标作为基准点，将每一桌的第一个椅子编为第一号，记为“NO.1”。在记录客人点菜时，把这些椅子的号码写在便条上，尽量利用简略符号，以节省时间并迅速记录菜名。自编系统确定后，要求餐厅工作人员都熟悉和掌握各个系统代号的含义。

服务员在记录点菜时要注意：应仔细听取客人的点菜；用大家都熟悉的缩写式记录点菜；在确信点菜已经记录后再离开餐桌；如有疑问，应再度询问，以免错记、遗漏；注意记清每位客人要点的菜，每道菜烹制的程序、用何种原料及其配菜等；服务员应牢记各种菜品的烹调时间，并机敏地告知客人；客人点错菜，千万不要与客人争吵，服务员要学会宽容和耐心；用同一点菜单的客人要求分开结账时，需要通知厨房准备；回答客人问询时要音量适中，语气亲切；注意身体姿势，手拿点菜单填写，避免将点菜单放在餐桌上填写。

在高级酒店的餐厅里，计算机记录点菜的方法越来越普及。将客人的点菜，包括菜的分量、价格、总金额等所有项目输入计算机，打印后交给客人并通过荧屏显示通知厨房。

5. 确认

待客人点完菜后，服务员要向客人复述一遍客人所点菜肴及特殊要求，并请客人确认。待确认后，向客人表示感谢，告知客人大约等待的时间。

6. 点酒

点完菜后，服务员向客人询问是否可以点酒，如“请问现在可以为您点酒吗”，并根据客人的消费要求和消费心理向客人推销、推荐本餐厅的酒水。

服务员向客人介绍、推荐本餐厅的酒水时，要作适当的描述和解释，提出合理化的建议。

尽量使用选择性、建议性语言，不可强迫客人购买产品，这样只会令客人反感。

7. 下单

点菜记录单的放置与信息传递，点菜单在厨房如何放置，不仅关系到厨师对食品的准备，而且对整个服务效果都有很大影响。每个餐厅都应制定一套行之有效的管理方法。下面是常见的几种方法。

第一种方法，将点菜记录单放在圆轴架上。服务员把点菜记录单按次序或按桌号放置在厨房；新的点菜记录放在右边，以保证厨师按客人点菜的先后次序从排在左边的记录单上的菜开始准备；收接点菜记录单的人必须重复一遍所点菜，以确保准确无误；当一个点菜单上的菜准备好后，厨师应把点菜记录单和账单放在上面，以帮助检查点菜是否准备齐全。

第二种方法，服务员把点菜记录输入到计算机中，通过自动传递，厨房就能从电脑荧屏上看到显示出的点菜项目。

第三种方法，厨房指定一人阅读每个点菜单。这要求信息传递必须准确清楚。服务员写完点菜记录单后，应立刻送到厨房，放在点菜记录单呈放架上，厨房专人负责阅读每个点菜单。放置点菜单时，要特别注意双层的点菜记录单，防止在匆忙中忽略。

第四种方法，由服务员阅读点菜。这种方法通常在小餐厅使用，服务员通过阅读客人所点的菜，把信息直接传给在厨房的工作人员。这种方法要求服务员头脑清楚、记忆准确。

下单时，要注意填写点菜单要准确、迅速、清楚、工整；填写点菜单的内容要齐全，点菜单上的冷菜和热菜要注意分开；及时分别将点菜单送交厨房、收银处、传菜部；一般情况下，点菜单与酒水单应分开。

四、点餐的基本要求

服务员在向客人提供点菜服务时应注意以下几点。

1. 时机与节奏

把握正确的点菜时机，不要让客人空等，也不要急催客人，在客人需要时提供点菜服务。

点菜的节奏要舒缓得当，不要太快也不要太慢，太快会让客人对服务员产生反感，太慢会浪费客人的时间，因人而异。

2. 服务要规范化

服务员在填写点菜单时要迅速、准确，书写的字迹要清楚，注意冷菜、热菜分单填写。

要注意填写餐桌号、点餐日期、用餐人数、开单时间、值台服务员签名。菜肴和餐桌号一定要写清楚。

3. 客人的表情与心理

在服务过程中，服务员应注意观察客人的表情，通过他们的反应来推断客人所点的菜和酒水是否适宜，这需要服务员仔细观察客人的表情和心理变化。

4. 清洁与卫生

不管是点菜中还是任何服务的环节，都要注意各方面的清洁卫生。在点菜时，菜单要干净美观，服务员要注意个人卫生，记录用的笔和单据的整洁都要符合标准，这才能使客人在点菜时对餐厅的服务放心。

5. 认真与耐心

点菜时，服务员要认真记录客人所点的菜品、酒水、客人的桌号，点完菜后，认真同客人核对点菜单，避免出错。

服务员要耐心回答客人所提出的问题，当客人发脾气时，服务员要以宽容、忍耐的态度去面对，避免与其发生冲突。

6. 语言与表情

在点菜时，服务员要注意语言得体，报菜名应流利、清楚，表情应以微笑为主，以体现服务的主动与热情。

注意礼貌语言的运用，尽量使用选择性、建议性语言，不强迫客人接受，不要用保证性的语言，也不要用特别自我肯定的语言。

7. 知识与技能

服务员要不断学习，不断拓宽自己的知识面，提高服务技能，才能应付复杂多样的场面，满足不同客人的需求。

8. 注意事项

在点菜时，要注意以下几点：

（1）客人点菜过多或重复时，要及时提醒客人。

（2）客人所点的菜在菜单上没有或已经销售完时，要积极与厨房沟通，尽量满足客人的需要，或推荐、介绍其他相关菜肴。

（3）客人所点菜肴需烹制较长时间时，要主动告知等待时间，并向客人解释。

（4）如客人需赶时间，要主动推荐一些快捷易做的菜肴。

（5）记清客人的特殊要求，尽量满足客人。

第三节　酒水服务

一、酒水服务标准与流程

1. 点酒水

服务员完成酒水点单或推荐酒水、下酒水单等工作。

2. 取酒水

服务员给客人领取酒水。如果客人点的是红葡萄酒，要将红酒的瓶酒放入垫有毛巾的酒篮中，最佳温度20℃，酒牌朝上，使客人可以看清。

如果客人点的是白葡萄酒，需在冰桶内放上碎冰，将瓶酒放入冰桶，最佳温度9℃，酒牌朝上，冰桶边架放置在主人右后边。

如果客人点的是普通酒水（白酒或者啤酒），可用托盘进行取运，即在托盘中摆放酒水。摆放时，应根据客人座次顺序摆放，第一客人的酒水放在托盘远离身体侧，主人的酒水放在托盘里侧。

3. 开酒

摆放酒水、杯具要求：客人餐具前的酒杯、饮料杯的摆放要从大到小，放在客人便于拿放的位置。

开启酒瓶、饮料罐要求：注意，开启有气体的酒和罐装饮料时，切忌正对着客人。

4. 斟酒

斟酒的程序如下表所示。

斟酒程序表

程序名称	操作标准
向客人示酒	取来客人所点的酒水，服务员站在桌边，用左手托住瓶底，右手握住瓶颈，使瓶口朝上倾斜，大约呈 45 度角，酒牌对着客人，向客人示酒
开酒	用开酒刀切开瓶酒封口，揭去封口顶部。用洁净的毛巾清洁瓶口，插入酒钻，转动钻柄直至钻头全部进入瓶塞。轻轻松动酒钻，拔出瓶塞，此时不得转动或摇动酒瓶
请客人检查确认	酒塞从瓶中拔出后，将酒塞放在骨碟上，呈送给客人，请客人检查瓶塞上商标与贴纸内容是否一致，经客人确认没有问题后，才可斟酒
请客人事先品尝	先用餐巾纸擦干净瓶口和瓶身部位，并在主人杯中倒大约 2 厘米深的酒，并帮助主人轻轻晃动一下酒杯后，请客人尝酒时说：“请您先品尝一下，好吗?”
斟酒	左手拿餐巾或托盘，右手握住酒瓶，右脚跨前踏在两椅之间，举瓶高低适当；倒完酒后，把瓶子往右转动，防止滴淌杯外
斟添	斟酒后，要注意观察，发现客人杯中的酒只剩 1/3 的话，应及时斟添

二、斟酒应注意的规范

斟酒时，服务员要站在客人身后右侧，左手托盘或拿餐巾，右手握瓶，使酒瓶标签朝外，所有酒水服务都应从客人右边进行，不可“左右开弓”。

斟酒应从主宾开始，按顺时针方向绕行一周；倒酒前应注意，如客人不需要则予以调换；客人如带女士一同进餐，应先给女士斟酒。

斟酒时，酒瓶的瓶口不可靠到酒杯，但也不宜离得过高，过高容易使倒出的酒溅出杯外。瓶内酒越少，倒出的速度越快，因此要掌握好酒瓶的倾斜度。

斟啤酒时，因泡沫较多，倒的速度应慢些或让酒沿着杯壁流下，但斟酒时不可用手拿杯。斟红酒或白酒时，用右手抓住瓶身下方，瓶口略高于杯口的

1～2厘米，斟完后将瓶口提高3厘米并旋转45度后抽走，使最后一滴酒均匀分布于瓶口不至滴下。斟酒完毕，应用餐巾擦净瓶口溅出的酒。

斟酒时不可太满，烈性酒盛3/4杯，红酒盛2/3杯即可。拿杯斟酒时，服务员的手不可触摸杯口。未斟完的酒，应将酒瓶放在工作台上，如客人要求自己倒酒，可以根据客人指定的位置摆放。

三、中餐斟酒

中餐讲究主宾入席之后，主人举杯祝酒。同时，餐厅服务员应在开席前5分钟将客人所需的酒斟好。一般情况下，要结合客人饮酒的习惯，征得客人同意后，再在适当的时机给客人斟酒。

斟酒的顺序从主宾开始，主宾在先，主人在后，女士在前，男士在后。当有两名服务员一同为客人斟酒时，一个从主宾开始，另一个可以从副主宾倒起，然后依座次逆时针为客人斟上酒水。

当主宾发表讲话时，服务员的一切活动都要停止，宜静静地站在离客人适当的距离，以免对客人的正常活动造成不必要的干扰。

当主人发言快要结束时，服务员应当将主人的酒杯递上，以供主人敬酒之用。当主人离席给客人敬酒时，服务员要用托盘托着酒，跟随主人，见机给主宾续酒。

四、西餐斟酒

中餐一旦确定饮用何种酒以后就不会发生太大变化，比如，有的中餐以喝红酒为主，有的中餐以喝白酒为主，有的中餐以喝啤酒为主。

与中餐所不同的是，西餐斟酒有非常严格和复杂的要求。高级的西餐所饮用的酒甚至达七种之多，每吃一道菜就要变换一种酒，相应的菜就要喝相应的酒。

每斟一种酒时，应先将前面所用的酒杯与即将饮用的酒杯调换一下位置，然后倒上酒，以方便客人敬酒。

斟酒的顺序是，先女主宾后男主宾，接着是主人，然后按座次斟酒。

第四节　上菜服务

上菜的服务流程如下：

①询问主人用餐时间，并祝客人用餐愉快。

②准备酒水、器皿。

③等待传菜员传菜，核对菜品与菜单是否相符，检查器皿是否有破损、裂缝，检查菜品分量、形状是否相符。

④上菜时站在副主人的右边，把转盘上的菜品均匀腾出位子，将刚上的菜转到主人及主宾面前。

⑤上主打菜及特色菜时要作出说明，等待传下一道菜。

⑥所有菜品上完要告知点菜人，需要加菜的话应及时下单通知传菜部。

注意，在上菜时，不要让客人等得太久，不要忽略任何一位客人。

【经典案例】

一天，北京某五星级酒店的中餐厅正在接待外宾旅游团和外宾会议团。孙先生是某公司的翻译，负责接特外宾会议团。等孙先生把外宾会议团安排好后，就和同事一起去酒店的中餐厅用餐。

这一天，外宾团队订的都是“北京烤鸭”餐宴，翻译、导游、司机等也享受和外宾同等的用餐标准。孙先生入座后，服务员端上了茶水和凉菜，但等候良久仍不见其他菜上桌。

于是，孙先生忍不住就去催问服务员。服务员告诉他，今天太忙，请他再等一下。孙先生又等了半天，仍不见上菜，这时他注意到，其他桌的菜已经上得差不多了。

孙先生和同事又去催问了两次，但就是没人给他们上菜。孙先生赌气不再催问。外宾用完餐，孙先生直接带外宾上车。这时，服务员追到车门前请孙先生签单结账。

孙先生没好气地说：“我根本就没吃上饭，结什么账?”

“先生，实在对不起！今天太忙了，把您那一桌给疏忽了。要不然给您打包带走？但是请您先把账结了。”服务员着急地说。

“你们给外宾和其他桌都上了菜，就是不给我们上，催了几次还不行，搞得我们现在都没吃上饭。”孙先生说着就要上车。

别人见状忙劝解孙先生，车上的外宾也有人问及此事。最后，孙先生还是和服务员一同去餐厅结了账，但是他拒绝了餐厅给他打包好的北京烤鸭，只是对服务员说：“请你们记住这次教训，以后不要忽视任何一位客人。”

一、传菜的步骤与规范

1. 传菜员的岗位职责

在客人开餐前，负责准备好传菜用具，主动配合厨房厨师做好出菜前的所有准备工作。负责布草的领取、传菜间和规定地段的清洁卫生工作，按上菜次序把菜准确无误地传送到上菜的服务员处。

传菜员注意把控传菜的速度，并做好追菜和划菜工作。协调上菜服务员将脏餐具撤回洗碗间，并分类摆放。

妥善保管点菜单，以备查核。积极参加餐厅组织的培训，不断提高自己的服务水平和服务质量。

2. 传菜工作规范及标准

按照餐厅的卫生标准，传菜服务员需要做传菜间和规定地段的清洁卫生工作。

做好开餐前的准备工作，积极配合点菜服务员准备好客人点菜所用的调料、配料及传菜所需的用具，主动配合厨师做好出菜前的准备工作。

了解菜品名称、特点、服务方式，熟悉各餐位以及餐厅预订情况和相关事项，并提醒点菜服务员。

传菜服务员工作要做到“四清”：看清、听清、问清、记录清。跟足菜品所需的调料、用具，注意节约，保持菜式的温度、造型。

熟悉菜单上的所有菜式，按上菜的次序把菜准确无误地传送到餐厅，传菜速度要快。对所负责区域内的传菜，及时和上菜服务员沟通，等客人入座后通知厨房起菜，并控制好时间。在客人入座后大概 10 分钟要上第一道热菜。

注意传菜速度，做好追菜工作。对所传的菜要心中有数，并做好催促上菜工作，控制好上菜速度。

传菜时要用托盘托着菜送入餐厅，必须保持托盘清洁。托盘行走中，要注意步伐的运用，一般来说，走菜用常步，火候菜用急步，汤汁菜用碎步，遇到障碍用巧步。

传菜行进中，若遇客人，要注意礼让，需超越客人时要向客人道歉："对不起，请让一下，谢谢。"进入餐厅落盘时，动作要轻，姿势要优美。

餐中要及时将传菜用具撤回，并分类放置以备用，协助厨房厨师把好菜点质量关，上菜前注意检查菜肴的质量、数量。不合格的要及时退回处理，要及时将客人的特殊要求及意见反馈给厨房，并负责落实。

餐后，将餐具撤回传菜间分类放置，按餐厅卫生要求进行洗刷和消毒，清理好岗位卫生，接受检查。

3. 传菜工作中的注意事项

负责传菜的服务员要检查厨房烹调的菜肴是否与菜单上客人所点的菜肴相符，并核对桌号，防止传送出差错。

取菜时，检查菜品质量是否合格，做到"五不取"：（1）数量不足不取；（2）温度不适不取；（3）颜色不正不取；（4）调配料不全不取；（5）器皿不洁、破损或不符合标准规格不取。

传菜时应做到：传菜平稳，汤汁不洒，传菜及时，不拖不压。

菜肴送到后，应及时招呼上菜服务员上菜。如果值台服务员正忙于为其他客人服务，则将菜肴放在工作台上，但应通知上菜服务员，不要放下菜肴后悄然离去，以免影响服务质量。

为保证菜肴上桌时的温度，一般应使用盘盖，将菜肴上桌后再将盖取下，撤回备餐间。

二、上菜的步骤与规范

1. 上菜的规范及标准

上菜位置在陪同（或副主人）右边，严禁从主人和主宾之间上菜。中餐的上菜顺序一般遵循的规律是先凉后热，先炒后烧，清淡的先上，味浓的后上。具体的顺序是：茶、凉菜、热炒、大菜、甜菜、点心、水果。大宴一般安排1～2成的冷菜、3～4成的热炒和4成大菜。

在开餐前8分钟上齐冷盘，上冷盘时，注意荤素搭配，盘与盘之间间距相等，颜色搭配巧妙，所有冷菜的点缀花垂直冲向转盘边缘；入座10分钟后开始上热菜，要控制好出菜和上菜的速度，一般要在30分钟内上完。

2. 上菜的操作要求

上菜时，服务员应用右手操作，并说“对不起，打扰一下”来提醒客人注意。将菜轻放到餐桌的转台上，并顺时针转动转台，将所上的菜转至主宾面前，退后一步，报菜名，如“北京烤鸭，请品尝”，并伸手示意，声音洪亮，委婉动听。上每道菜时都要报菜名，视情况作适当介绍。

上菜时，注意掌握好时机，当客人正在互相敬酒或正在讲话时，应稍微停一下，等客人敬完或讲完后再上菜，不要打扰客人的进餐气氛。上菜时不能越过客人头顶传菜。

如果有新菜需要上，但是转盘没有空间时，应巡视台面情况，如有菜品剩得较少时可征询客人的意见：“先生，这菜可以给您换一个小盘吗？”如果是同类菜品，可以征询客人意见：“先生，这两个菜可以给您合盘吗？”对于所剩无几的菜肴，可以征询客人的意见，是否可以撤掉，客人同意后要致谢。菜已凉了，要征询客人的意见：“这菜需要给您加热一下吗？”

在上本餐厅特色菜时，要报菜名，并应用礼貌用语：“各位客人，这是本店特色菜，请您品尝并多提宝贵意见。”视情况对特色菜给予适当介绍。菜上齐后，对客人礼貌地说：“您的菜已经上齐了。”

3. 上菜的注意事项

上菜的顺序要求：先上调味品，再将菜端上。每上一道新菜，都要转向主宾前面，以示尊重。

上整鸡、整鸭、整鱼时，应注意一些忌讳：“鸡不献头，鸭不献掌，鱼不献脊。”

上菜前，注意观察菜肴的色泽、新鲜程度、有无异味，检查菜肴有无灰尘、苍蝇、飞虫等不洁物；在检查菜肴卫生时，严禁用手翻动或用嘴吹除，必须翻动时，要用消过毒的器具；对卫生达不到质量要求的菜肴要及时退回厨房处理。

三、分菜的规范及标准

在一些宴会和零点服务中，有些菜需要分派，或整桌的菜都要分餐服务。

分菜前，服务员先将菜端上餐桌示菜并报菜名，用礼貌用语向客人说："请稍等，我来分一下这道菜。"

接下来进行分派，左手托菜盘，右手拿分菜用的叉勺，从主宾左侧开始，按顺时针方向绕台进行，动作姿势为左腿在前，上身微前倾。分菜时要做到一勺准，数量要均匀，不允许将一勺菜或汤分给两位客人。分菜完毕可将剩余部分再装小盘放桌上，以示富余。

分汤及一些难分派的菜时，可用旁桌分菜法。在工作台上摆好相应的餐具，将菜或汤用分菜用具进行均匀分派。菜、汤分好以后，从主宾右侧开始按顺时针方向将餐盘送上，并用礼貌用语："您请用。"注意要将分菜的剩余部分换小盘再上桌。

用转台分菜时，提前将干净的餐碟有序地摆放在转台上，餐碟数量要与宾客人数相等，并将分菜用具放在相应位置；用长柄勺、筷子、叉或勺分菜，全部分完后，将分菜用具放在空盘里；迅速撤身，从主宾右侧开始，按顺时针方向绕台进行，撤前一道菜的餐碟后，从转盘上取菜端给宾客；最后，将空盘和分菜用具一同撤下。

服务员在为客人分菜时需要注意手法卫生、动作利索、分量均匀、跟上佐料，既要保证分菜质量，又要以最快的速度完成分菜工作。一叉一勺都要干净利索，切不可慢慢腾腾，甚至导致分完最后一位客人时菜已冰凉。分带佐料的菜时，要跟上佐料，并略加说明。几种菜的分派要做到以下几点：

（1）鱼，要先剔除鱼骨，待鱼汁浸透鱼肉后，再用餐刀切成若干块，按宾主的先后顺序分派。

（2）肘子，用公筷压住肘子，再用刀将肘子切成若干块，按宾主次序分派。

（3）拔丝菜，用公筷将甜菜一件件夹起，随即放在凉开水里浸一下，再夹到客人盘碗里。分的动作要快，即上，即拔，即浸，即食。

第五节　餐间服务

餐间服务是餐厅服务员接触客人时间最长的一个服务阶段，具有时限性、复杂性、规范性和灵活性等特征。

服务员的每一个动作、每一种表情、每一句话都会给整个服务过程带来影响，关系到服务的整体效果，这就要求服务员在服务中要规范化和标准化，正确地处理好每一个环节。

一、餐具撤换服务流程

撤换餐具时，服务员要左手托盘，右手撤换，从客人右侧换，先撤出台面上的脏餐具，然后换新餐具，要按顺时针撤换。撤换餐具时，要保持托盘的干净。将撤换掉的餐具及时送回洗碗间。

1. 撤换骨碟的服务流程

服务员在撤换骨碟时，要从主宾开始撤换。放在托盘上的用过的骨碟和干净的骨碟要严格分开，防止交叉污染。

在吃热菜时，应将吃凉菜用的骨碟更换成干净的骨碟。吃过油腻、甜食、鱼腥味食品后，在吃其他菜肴时，应更换骨碟。客人喝过汤后，要及时换新的汤碗。

有洒落的酒水、饮料或异物在骨碟里，应及时换骨碟；碟内骨头、残渣较多（骨头、残渣占骨碟的1/3时），影响台面雅观时，要更换骨碟。

要保持客人面前的骨碟是干净的，如客人失误将餐具跌落在地面上，要立即更换新骨碟。在撤换骨碟时，要随时清理托盘内的杂物，保持托盘干净无污渍。

2. 撤换汤碗、汤勺、汤碟服务流程

把干净的汤碗、汤勺、汤碟放于干净的托盘内，征求客人的意见后，先给客人分汤，将汤均匀分到汤碗里。按照先主宾后主人顺序分汤，顺时针上汤。

当客人喝完汤以后，再顺时针收取汤碗、汤勺。在收完以后，将脏的汤碗、汤勺送回洗碗房。

在撤换汤碗、汤勺、汤碟时，要注意以下两点：

（1）在给客人上汤时遇到客人点了不同种类的汤，为了避免不同种类的汤盛在一个碗里会味道混合影响口感，要及时更换新汤碗、汤勺、汤碟。

（2）上汤时先从主宾开始上，要顺时针上汤，不要越过主宾，避免汤汁洒在客人身上或台面上，动作要轻，不要弄出过大响动。

3. 撤换酒具服务流程

准备好客人所需要的酒水、干净的酒具放于托盘内一侧，左手托盘，右手撤换，要保证服务员站姿正确，不可以倾斜，以免发生危险。

在撤换酒具时，应按照顺时针方向撤换，先从主宾开始，保证新换上的酒具干净、无破损。

最后，把撤换的脏酒具在恰当的时候送到洗刷间进行清洗。

撤换酒具服务注意事项：

（1）有客人预订时要提前准备好酒具；在客人用餐时，如需要换新酒具，要为客人及时更换。

（2）在给客人撤换酒具时，要合理使用托盘，不得用不规范的程序操作；撤换酒具时，服务员身体不得倾斜，以免发生危险。

（3）有客人需要换酒具时，要及时撤换；撤换酒具时，要先从主宾开始，顺时针方向撤换，不得逆转撤换。

（4）客人酒杯内有异物、汤汁时，服务员要及时为客人更换酒具；客人的酒具打碎、掉在地上时，要及时为客人更换酒具。在撤换酒具时，要做到轻拿轻放，不要打扰客人。

4. 撤换台布服务流程

撤换台布时，不要将杂物放在座位上或地面上，应将脏台布放在托盘内。

铺台布时，要注意折叠与桌中线吻合。服务员站立于副主人位置，将台布竖向打开，注意台布四周下垂，使左右对称。检查铺好的台布是否有破损、污迹，如果不符合卫生标准，应马上更换新的台布。

铺好台布后，把转盘放上，上转盘后要保持转盘的干净、无手印。按照餐

位摆上固定的餐具。

要把台布内的脏东西倒入垃圾桶，然后把脏台布及时送到传菜部。

二、撤换烟灰缸服务要求

准备好备用的烟灰缸，并将备用的烟灰缸放在圆托盘内，左手托着托盘。在撤换时，右手把干净的烟灰缸盖在用过的烟灰缸上，将两个烟灰缸同时撤下，放到左手的托盘内，再将干净的烟灰缸放到摆放烟灰缸的位置上。

把脏的烟灰缸立即拿走，检查是否有未熄灭的烟蒂，并及时清理掉。换烟灰缸时，先从主宾换起，按照顺时针方向更换，桌面上的烟灰缸内可以适当放点水，以防烟灰到处乱飞。

三、甜点服务工作标准

1. 推销点心

将点心车推至客人餐桌边，打开车盖，礼貌地向客人问好，热情推荐、介绍当餐供应的点心品种。

2. 上点心

将客人所点的点心连同点心笼放在托盘上，从客人右侧送上餐桌并配上酱料，右手示意，礼貌地请客人享用。

3. 登记

将客人所点的点心如实登记在点心卡对应的栏目内，如客人需要其他品种，也要记录在对应栏目上，最后将点心卡插回原处。

四、感动客人的服务细节

1. 感动客人的10个服务细节

（1）当服务员了解到客人没有胃口时，悄悄地免费为客人准备一杯开胃橙汁和一碟开心话梅。

（2）当客人拿出香烟时，服务员在第一时间内拿出打火机，先试一下火焰，然后双手呈雀巢状为客人点烟。

（3）当客人醉酒时，服务员主动用自封袋将客人的手机封好，防止酒水、汤汁滴在手机上。

（4）当听到客人打电话询问他人电话号码，手头没有笔和纸进行记录时，服务员在第一时间内为客人提供纸和笔，并悄悄地送到客人手边。

（5）服务员发现客人身体不适，不能饮酒时，主动为客人准备一杯免费的热玉米汁。

（6）天气热，客人在餐厅用餐，经常会感到中央空调过低，此时服务员应主动为客人奉上披肩。

（7）遇到老人用餐时，服务员应主动为老人提供吸管，方便客人饮用饮料。遇到行动不便的老人用餐时，主动为客人换取带扶手的椅子和为客人提供靠垫，并提供最贴近的服务。

（8）遇到小孩用餐时，在客人未开口之前，提供宝宝椅和宝宝餐具。

（9）服务员遇到客人反映腰椎不好时，应主动为客人提供靠垫。

（10）在用餐中如知悉客人感冒，服务员应及时到厨房为客人熬一杯姜茶并悄悄送给客人。

2. 特殊客人服务

（1）为有急事的客人服务时，服务员要以最快速度安排客人就座，并问清客人能够接受的等候时间。立即给客人点菜，同时向客人推荐制作时间较短的食品。为客人点菜时须准确告诉客人每道菜所需的准备时间。同时服务员还应相互提醒，优先服务有急事的客人。

给厨房传送点菜单时，须向划单员说明客人要求的时限。加快每道菜的服务速度，缩短各道菜之间的等候时间，提前准备好菜品。

服务员需要事先问清客人是否提前结账，并准备好账单。

（2）对儿童的服务，餐饮部的服务员要提前准备好儿童座椅，协助孩子的家长安排孩子就座。在取得家长同意的前提下，帮助儿童将口布铺放好，根据小孩的身高调整桌椅之间的距离。

服务员可以为儿童准备一把小勺和一个盘。为儿童服务饮料时须配备吸管。尽可能帮助小孩的家长照看小孩，如帮小孩系好口布，及时撤掉脏盘子等。

家长都喜欢自己的孩子得到别人的赞美，服务员可以在家长面前赞赏他们的孩子，以满足家长的心理需求。

第六节　餐后服务

一、餐具清洗的程序和标准

餐具清洁与否，将极大地影响客人对餐厅的印象。因此，清洁人员必须做好餐具的清洁、消毒工作。

1. 清洗的操作程序

餐具清洗的过程是：一涮，二拣，三洗，四过清水，五消毒，六过清水，七过热水，八质检。保证餐具无油腻，无污渍，无水渍，无细菌。

2. 餐具的预洗

餐具的预洗包括分拣、涮、拣。

首先是分拣，分拣主要是将炖部的汤煲、笼仔及粥部煲类分开，不同种类的餐具分开清洗，不同规格的餐具也分开清洗，先拣大餐具，后拣小餐具。

大餐具包括大腕、盘、煲仔等，小餐具包括小碗、匙更等。分拣餐具时，要轻拿轻放，减少破损；分拣后，分别放入不同的洗水池进行清洗。

其次是涮，涮的过程和分拣可以说是同时进行，即一边分拣一边涮。

最后是拣，这里说的拣是指在洗餐具处放置一盆水，这盆水是过水后的脏水，将经分拣和涮过的餐具进行水拣。水拣后，将餐具直接放入洗水盆清洗。其优点是：节约用水、洁净方便。

3. 餐具分类洗涤具体操作标准

在清洗大餐具时，在洗碗盆内注入热水，再倒入适量洗洁剂后，均匀搅开。将分拣出来的大餐具轻轻放入水内，避免餐具之间碰撞，放入的餐具以不超过水面为宜。

洗盘碟的正面时，用抹布夹住边沿，用力旋转一周，中间洗净为止。然后翻转过来洗背面，手掌要全部用力，旋转式进行清洗。洗过后，先在第二道水中处理，再轻放于消毒水内。

餐具放入消毒水中的浸泡时间要超过 5 分钟，不到时间不得放进第四道水中。如果盘碟上面还有黏着物，可用工具刮净，再用力进行清洗，直到清除黏着物为止。

在清洗小餐具时（清洗小餐具要戴好手套），同样先放入热水和洗洁剂搅匀，将拣好的小餐具轻放于水中，经同样的方法清洗过后放置于盆边的架上。

一名清洁工专管过水，过水捞起后放入消毒水中，浸泡时间必须超过 5 分钟。浸泡后，用清水逐一清洗，再过热水。在热水中至少要停留 3 分钟，水温不得低于 50℃。

从热水中取出后，将小餐具装入菜篮中，再连篮一起放到质拣台，逐一分类，用干毛巾擦干小餐具上面的水分，细心检查后送入厅房备用。

4. 餐具清洗常用消毒方法

餐具消毒通常包括物理消毒和化学消毒两种。

物理消毒包括蒸汽、煮沸、红外线等热力消毒方法。蒸汽、煮沸消毒是指通过蒸汽、煮沸餐具，保持水温在 100℃，连续 10 分钟以上。主要用于饮具、盆、毛巾、床上用棉织品等的消毒。红外线消毒一般控制温度在 120℃，保持 10 分钟以上。可用于给饮具、盆、毛巾、床上用棉织品等的消毒。

化学消毒主要是用含氯消毒药物和乙醇进行消毒。应使用含有效氯浓度 250mg/L（又称 250ppm）以上的清洁剂，将清洗的物品全部浸泡入液体中，产生化学反应 5 分钟以上。使用浓度为 75% 的乙醇消毒，可用于盆、拖鞋等物体表面的涂擦消毒。化学消毒后，应用净水冲去表面的消毒剂残留。

二、餐厅结账服务标准

结账是餐厅服务的最后环节，也是给客人留下最为深刻印象的服务环节之一。因此，餐厅服务员必须做好这个环节的服务，提高客人的满意度。

1. 为客人拿账单

当客人要求结账时，餐厅服务员请客人稍等，并立即去收款台为客人取账单。

服务员告诉餐厅收款员所结账单的台号，并检查账单的台号、人数、食品及饮品消费额是否正确。

将取回的账单夹在结账夹内，走到主人的右侧，打开结账夹，右手持账夹上端，左手轻托账夹下端，递至客人面前，请客人检查，注意不要让其他客人看到账单。

2. 请客人签单

如果客人是酒店的住店客人，服务员要请客人出示房卡及卡套。服务员在为客人送上账单的同时，为客人递上笔，并礼貌地提示客人需写清房间号、正楷姓名。如果客人未带卡套，请客人稍等，将房卡送到收银处核对。核对无误后，将房卡归还客人。

客人签好账单后，服务员将账单重新夹在结账夹内，拿起账夹，并热情、真诚地向客人表示感谢。

最后，将账单送回收款员处。

3. 信用卡结账

如果客人使用信用卡进行结账，服务员应邀请客人稍等，并将信用卡、身份证和账单送回收款员处。

收款员打出信用卡收据，服务员检查无误后，将收据、账单、信用卡、身份证夹在结账夹内，拿回餐厅。

把结账夹打开，从主人右侧递给主人，并为客人递上笔，请客人分别在账单和信用卡收据上签字，并检查签字是否与信用卡上的签字一致。

将账单的第一页、信用卡收据中的客人存根页及信用卡、身份证递给客人，并真诚地感谢客人。

将账单的第二联及信用卡收据另外三页送回收款员处。

4. 现金结账

如果客人用现金结账，应在客人面前清点钱数，并请客人等候，将账单及现金送给收款员。

收款员收完钱后，服务员将账单第一页及所找零钱夹在结账夹中，送回主人。

服务员站立于客人右侧，打开结账夹，将账单第一页及所找零钱递给客人，同时真诚地感谢客人。

客人确定所找回钱数正确后，服务员迅速离开客人餐桌。

5. 支票结账

如果客人使用支票支付，应请客人出示身份证，并注明联系电话及单位地址，然后将账单支票及证件同时送给收款员。

收款员结完账并记录下证件号码、联系电话及单位地址后，服务员将账单的第一联及支票存根核对后，再送还给客人，并真诚地向客人表示感谢。

如果客人使用密码支票，应请客人直接在支票密码栏中填写密码。

6. 结账后的服务

如果客人结账完毕后，并未马上离开餐厅，而是继续交谈时，服务员应继续提供服务，为客人添加茶水，并及时更换烟灰缸。

7. 为客人开发票

在开发票前，服务员要向客人询问有关信息：客人在结账时，如果提出开具发票的要求，服务员需礼貌地询问客人发票抬头处需要填写的单位名称；礼貌地告诉客人，账单的第一页将留在酒店财务部存档，并告诉客人所需要等待的时间。

在开具发票时，服务员将账单第一页交给收款员，并告诉收款员发票上应写的单位名称，请收款员为客人开具发票；检查收款中开具的发票的单位名称是否正确，数字填写是否正确。

将开好的发票送给客人，操作规范是：服务员将发票夹在结账夹内，从主人右侧交给主人，并再次感谢客人在本餐厅的消费。

三、送客和翻台服务程序

1. 送客

送客是礼貌服务的具体体现，表示餐饮部门对客人的尊重、关心、欢迎和爱护，在酒店餐饮服务中是不可或缺的项目。在送客过程中，服务员应做到礼貌、耐心、细致、周全，使客人满意。其要点如下：

（1）客人不想离开时绝不能催促，也不要做出催促客人离开的错误举动。

（2）客人离开前，如愿意将剩余食品打包带走，应积极为之服务，绝不要轻视他们，不要给客人留下遗憾。

（3）客人结账后起身离开时，应主动为其拉开座椅，礼貌地询问他们是否满意。

（4）要帮助客人穿戴外衣、提携东西，提醒他们不要遗忘物品。

（5）要礼貌地向客人道谢，欢迎他们再来。

（6）要面带微笑地注视客人离开，或亲自陪送客人到餐厅门口。

（7）领位员应礼貌地欢送客人，并欢迎他们再来。

（8）遇特殊天气，处于酒店之外的餐厅应有专人安排客人离店。如亲自将客人送到饭店门口，下雨时为没带雨具的客人打伞，扶老携幼，帮助客人叫出租车，等等，直至客人安全离开。

（9）对大餐饮活动的欢送要隆重、热烈。服务员应穿戴规范，列队欢送，使客人真正感受到服务的真诚和温暖。

2. 翻台

翻台就是在客人离开餐厅以后，服务员收拾餐具、整理餐桌，并重新摆台的过程。翻台往往是在其他客人仍在进餐的过程中进行，或是在没有找到餐桌的客人正在等候时进行。所以，翻台的文明和效率是该程序的重要标准。可以说，一个餐厅翻台率的高低和翻台速度的快慢能够反映出其营业水平和接待能力的优劣。翻台服务中应注意的要点有：

（1）翻台应注意及时、有序，应按酒具、小件餐具、大件餐具的顺序进行。

（2）翻台时如发现客人遗忘的物品，应及时交给客人或上交有关部门。

（3）翻台时应注意文明作业，保持动作的稳定，不要损坏餐具、物品，也不应惊扰正在用餐的客人。

（4）翻台时应注意周围的环境卫生，不要将餐纸、杂物、残汤剩菜等乱洒乱扔。

（5）撤台结束后，应立即开始规范地摆台，尽量减少客人的等候时间。

第七节　酒桌上的规矩及服务礼仪

一、自助餐：取菜的基本顺序

1. 自助餐的形式与特点

自助餐的形式：菜台上摆放着各种各样精美的菜品和餐具，菜台的周围配有餐桌和餐椅。

自助餐的特点：自助餐的标准是固定的，客人按照规定交费后，就可以到指定的自助餐厅用餐，经济实惠；客人可以在短时间内品尝到自己喜爱的菜肴；客人可以直接到菜台上面选取自己喜爱的食物。

2. 开餐前的准备工作

在自助餐开餐之前，负责看台的服务员要将菜台打扫干净，更换菜台的台布，菜台上面可以摆放一些鲜花点缀。

准备好充足的消毒餐具，按照规定码放在菜台的一侧，准备齐全保温用具，以及厨师到餐厅为客人做现场切配用的一切用具。

将菜品放在菜台上面，如果只使用一组菜台，那么冷盘、热菜、点心、水果要分别依次摆放，其中热菜要放在保温槽子里保温，保温的方法是在保温槽子下面点燃固体燃料，使槽子里面的水保持沸腾的状态，从而使菜品始终保持温度，另外要准备好客人取菜用的刀叉、餐盘。

在筹办自助餐时，通常包括备餐的时间、就餐的地点、食物的准备、客人的招待四个方面。

（1）备餐的时间。自助餐多见于各种正式活动之后，是招待客人的项目之一，但不宜作为一种正规的活动，故而其举行的时间受到活动的限制。不过，它很少被安排在晚间举行，而且每次用餐的时间不宜长于1小时。

在用餐期间，用餐者可以随到随吃。自助餐不像正式的宴会那样必须统一退场，用餐者只要自己觉得吃好了，可以随时离去。通常，自助餐无正式宣告结束。

（2）就餐的地点。自助餐的就餐地点安排在室内外皆可。通常，选择在大型餐厅、露天花园之内进行。在选择、布置自助餐的就餐地点时，有三点需要注意：①为用餐者提供一定的活动空间，这一区域不要显得过于狭小；②提供足够数量的餐桌与座椅；③使就餐者感觉到就餐地点环境宜人，不能在用餐期间让就餐者感到异味扑鼻、过冷过热、空气不畅，或者过于拥挤，这些显然都会影响到就餐者对此次自助餐的整体评价。

（3）食物的准备。在自助餐上，为就餐者所提供的食物既有共性，又有个性。共性在于，为了便于就餐，以提供冷食为主；个性在于，为了满足不同人的不同口味，应当尽可能地使食物在品种上丰富多彩。

为方便就餐者进行选择，同一类型的食物应集中在一处摆放。

（4）客人的招待。在大规模的自助餐上，直接与就餐者进行正面接触的主要是侍者。为了不使客人因频频取食而妨碍了同他人的交谈，侍者应主动提供一些辅助性的服务，比如推着装有各类食物的餐车或托着装有多种酒水的托盘在客人之间巡回走动，并听凭宾客各取所需。再者，可以负责补充供不应求的食物、饮料、餐具等。

3. 进餐阶段

在以就餐者的身份参加自助餐时，需要遵循一些具体的礼仪规范。自助餐的礼仪对绝大多数人而言也很重要，主要涉及以下六点。

（1）排队取菜。在就餐取菜时，由于用餐者往往成群结队而来，大家都必须自觉地维护公共秩序，讲究先来后到，排队选菜。不允许乱挤、乱抢、乱加队，更不允许不排队。

（2）取菜顺序。在自助餐上，想要吃饱吃好，在取菜时就一定要首先了解合理的取菜顺序，然后循序渐进。按照常识，一般取菜时的先后顺序依次是：冷菜、汤、热菜、点心、甜品和水果。

因此，在取菜时，最好先在全场转一圈，了解一下情况，然后再去取菜。如果不了解这一顺序而在取菜时乱装乱吃一通，难免会本末倒置，咸甜相克，令自己吃得既不畅快又不舒服。

（3）量力而行。对于自己喜欢吃的东西，只要不会撑坏自己，完全可以放开肚量尽管去吃。这正是自助餐大受欢迎的地方。因此，在参加自助餐时大可不必担心别人笑话自己，爱吃什么只管去吃就是了。

不过，在根据本人的口味选取食物时必须量力而行，切勿将食物狂取一通，到最后吃不完，导致食物的浪费。严格地说，在享用自助餐时，多吃是允许的，而浪费则绝对不允许。为了避免浪费，自助餐就餐时原则上应以“少取”为宜。

（4）多次取菜。“多次”的原则是：在自助餐上选取某一种类的菜肴，允许反复去取，但每次应当只取一小点，品尝之后若觉得适合自己，那么就可以再次去取，直至自己感到吃好了为止。

“多次”的原则与“少取”的原则其实是同一个问题的两面。“多次”是为了量力而行，“少取”也是为了避免造成浪费。所以，二者往往也被合称为“多次少取”的原则。

（5）避免外带。自助餐有一条不成文的规定，即只许在用餐现场里自行享用，而绝对不允许在用餐完毕后携带回家。在用餐时不论吃多少都可以，但是千万不要偷偷往自己的口袋、皮包里装一些自己的“心爱之物”，更不要向侍者传递自己想“打包”的信息，那样必定贻笑大方。

（6）送回餐具。自助餐在取用菜肴时以自助为主，而且还要求善始善终，在用餐结束之后应自觉地将餐具送至指定位置。有时可以在离去时将餐具留在餐桌上，由侍者收拾。

4. 餐中服务

首先，看菜台服务员的工作包括以下四项：

（1）当客人进入餐厅时，服务员要礼貌、热情、面带微笑地迎接客人，并且向客人介绍菜品的名称、口感，向客人递送餐盘。

（2）当客人取菜后，服务员要及时地整理菜台，撤下空菜盘，及时添加菜品，要使菜台上的菜品始终保持丰盛、整洁、美观。

（3）菜台服务员要与厨房保持密切联系，菜品的添加要及时与各个灶间沟通，将餐厅的菜品情况及时反映给后厨，菜台服务员要细心观察菜台的菜品，当菜品剩余不多时就要通知后厨加菜，不要等到菜品用光后再通知后厨加菜，避免出现空档，影响客人用餐。

（4）随时整理菜台，并背着客人做好菜肴的归类，将用过的餐盘送回后台。要及时更换保温槽子里面的热水，检查固体燃料是否需要更换。

其次，看桌服务员的工作，包括以下四项：

（1）客人来到餐厅后，要询问客人的要求，是否需要饮品，如有需要，要给客人斟好。

(2) 客人每次离座取菜品时，服务员要将客人的餐位整理好。

(3) 当客人用完餐要离开时，要主动拉开餐椅，面带微笑地送走客人，并表示感谢。

(4) 及时撤掉客人用过的餐具，保持桌面卫生。

最后，自助餐服务应注意的事项：

(1) 备品的供应一定要及时迅速，保证客人的使用。

(2) 在服务中讲究语言的艺术，要做到礼貌待客。

(3) 自助餐台上面的菜品除了要准备充分外，还可以根据客人的口味喜好多准备一些客人爱吃的食品种类。

二、工作餐的原则：简单快捷、适度交流

工作餐是酒店餐厅经常采用的一种非正式宴请形式。客人一般由于事务较繁忙或日程安排紧张而利用工作早餐、工作午餐或工作晚餐的时间边吃边谈。

1. 用餐礼仪

工作餐仅求吃饱，而不是刻意要求吃好。工作餐的菜肴大可不必过于丰盛，应以简单为好。出于卫生方面的考虑，工作餐最好采用“分餐制”的就餐方式；不习惯的话，则可以用公筷代替。

为不影响之后的工作，工作餐最好不安排烈性酒。

2. 席间的交谈

举行工作餐时，讲究的是办事与吃饭两不耽误。所以，在为时不久的进餐期间，宾主双方所要进行的有关实质性问题的交谈通常开始得宜早不宜晚。不要一直等到大家都吃饱喝足了方正式开始交谈，那样一来时间便往往不够用。

依照商务礼仪的规定，待主宾用毕主菜之后，主人便可以暗示对方交谈能够开始了。此刻，主人说一声“大家谈一谈吧”，道一句“向您请教一件事情”，皆可作为交谈的正式开始。

在点菜后上菜前，亦可开始正式交谈。由于各方是在百忙之中共进工作餐，都旨在谈论正事，所以宾主在交谈之中不宜节外生枝，不应偏离正题，说话时不要东拉西扯，插科打诨。别人说话时务必认真倾听，既不要中途打岔，也不要与旁人七嘴八舌，心不在焉。

在交谈中，注意不要影响他人用餐，所以有必要讲讲停停，在别人用餐时切勿向其讨教。自己讲话时也不要长篇大论，或是手舞足蹈，口水狂飞。

3. 用餐的终止

进行工作餐，必须注意适可而止。依照常规，拟议的问题一旦谈妥，工作餐即可告终，不一定非要拖至某一时间不可。

在一般情况下，宾主双方均可首先提议终止用餐。主人将餐巾放回餐桌之上，或吩咐侍者来为自己结账；客人长时间地默默无语，或反复地看表，都是在向对方发出“用餐可以到此结束”的信号。只是在此问题上，主人往往需要负起更大的责任。尤其是在客人需要“赶点”去忙别的事情，或者宾主双方接下来还有其他事要办时，主人更是应当掌握好时间，使工作餐适时地宣告结束。

当有人用餐尚未完毕，或有人正在发表高论时，一般不宜提出终止用餐。在就餐期间不告而别，或者在中途借故离去都是失敬于人的。

4. 在餐厅容易出现的问题

发现发病客人时，不要擅自搬动客人。如果客人病情危急，需要立即拨打 120 急救电话。在处理发病客人时，尽量避免不要打扰其他用餐的客人。

当残疾客人来餐厅用餐时，服务员应该将残疾客人的餐位安排在不显眼的地方或者在餐厅大门口附近。餐厅服务员千万不要对残疾客人投以奇异的眼光，随时为客人提供方便。主动询问，尽力满足客人的要求。

服务员在服务中，如果不小心把汤水洒到客人身上时，不要惊慌失措，要先把手里的菜放在服务桌上，向客人真诚地表示歉意，找来干净的湿毛巾，为客人擦拭。

客人在用餐时发现饭菜里有异物，服务员须向客人表示诚恳的歉意，并立即为客人更换饭菜。如果客人提出非分的要求，服务员需要灵活处理，讲究语言艺术，对于客人的要求应尽力满足，尽可能地不让餐厅受到更大损失。

如果客人在餐厅用完餐没有结账就准备走，服务员应礼貌地说：“对不起，我忘记跟您结账了。”这样说让客人情面上过得去，即使客人想逃账，也不好意思了。

在服务过程中，如果不小心把客人的菜打翻了，要真诚地向客人道歉：“实在对不起，我做错了，把您的菜打翻了，我马上给您重新补上。”重新上菜前再向客人表示歉意，请客人再次原谅。

客人在用餐时如果不小心损坏了餐具，服务员不要斥责或训斥客人，而应该立即为客人补上干净的餐具，并迅速清理碎片。对有意损坏餐具的客人，应向其说明要按酒店规定赔偿，必要时报告有关部门协助处理。

当客人说话不礼貌时，不要和客人发生争执，要严肃而大方地对客人说："对不起，是不是我哪方面做错了惹您生气了？如果我做错了，您可以向我提出来，我会虚心接受并且改正的。"

上错了菜，要主动和客人打招呼。如果客人还没有动菜，应主动征求客人意见，征得同意后把菜撤回。将撤回的菜送回厨房，经同意由传菜员再传菜。如果菜已动过，委婉地要求客人埋单。

客人之间发生纠纷时，要耐心地向双方作解释，在很短的时间里尽力为客人解决问题。对于客人存心"找碴儿"，要学会受气、忍耐，运用你的语言技术，并用服务态度感化客人。千万不要和客人争辩，让客人恼羞成怒。

当餐厅已满，没有位子了，此时还有许多候餐客人，服务员先稳住客人，热情招呼，告知候餐、优惠方法。安排候餐座位，送上水果，茶水。适时去招呼一下客人，按候餐顺序安排客人。

客人订桌不满意时，在允许的条件下及时给客人调整。如果无法调桌，应耐心劝客人先坐下，吃点水果，喝点水，一有空位即时安排。

当餐厅几乎坐满了，又来客人不喜欢剩下的餐位，可先劝客人坐下吃点水果、喝点水，有空位立即安排。如果遇不讲道理客人，想办法帮助解决。

客人在用餐中又来了几位朋友，客人提出要换大的餐桌时，千万不要向客人发牢骚、抱怨或嫌麻烦，要马上着手准备，满足客人要求。如果无法换大的餐桌，应耐心地劝客人先挤一下，一有大的餐桌立即安排。

客人在进餐中提出退菜时，首先应劝客人多吃一点，建议为其打包。如果客人硬要提出退菜，和客人讲明餐厅退菜原则（未煮可以退，已煮不退）。

三、庆典宴会：服务流程、客人告辞顺序

1. 宴会迎宾工作

根据宴会的入场时间，迎宾员提前在宴会厅门口迎接客人，其余服务员站在餐桌旁等待客人入座。客人到达时，服务员要热情迎接，并微笑问好，引导客人入座。

每次宴会备衣帽车供客人挂衣帽。客人入座后由服务员给客人上茶，并询

问是否使用酒水饮料。

2. 宴会的就餐服务

服务员引领客人入座时，要轻拉椅子，当客人坐下时再将椅子缓缓向前推，遵循先年长、后年轻，女士优先的原则帮助客人入座。

客人入座后，根据客人的要求上酒水和饮料，一般倒八成满就可以。当酒水只剩下 1/3 时，服务员要及时补进。客人互相敬酒时服务员要眼疾手快，帮助客人进行酒水的及时补充。

3. 上菜服务

传菜员排队等候厨房做好的菜，要统一出菜，做到有序不乱，菜肴一道一道上，从厨房出菜时一定要加上盖子，避免菜凉及在上菜过程中染上污物。

在上菜期间，要固定上菜的位置，应在与主人呈直角的陪同员之间进行，每上一道菜要介绍菜名及风味特色。凡是上鸡鸭鱼等大型菜及椭圆形的大菜盘时头要对着正主位。上新菜前先检查旧菜，如盘中还有少许剩余，应询问客人是否将之换成小盘方便摆放下一道菜。

凡是正式宴会，需给客人分汤，分菜。如带有酱料的菜需要分派，都需分好后沾上酱料再装盘上桌。

4. 更换餐具

为了保持桌面的干净整洁，在宴会进行当中，服务员需要对餐桌进行多次的底碟和汤碗的更换，每道菜后都需要更换一次，一般宴会更换底碟不低于三次，只有在客人将碟内的食物吃完方可更换，换底碟时应该是撤与更换同时进行，一般站在客人的右手边进行。

通常在下列情况下更换底碟：

（1）上翅、羹或汤之前，上一套小汤碗，待客人吃完后收回；

（2）吃完带骨带刺的食物之后；

（3）上甜品之前应更换所有餐碟；

（4）上水果之前换上干净的底碟及水果叉；

（5）残渣骨刺较多的有其他脏物的底碟应该随时换掉；

（6）客人失误将餐具掉落在地上应随时换掉。

5. 用餐间的服务

宴会进行中，服务员要经常巡视台面，补充酒水，更换烟灰缸，注意每位客人的示意及动作，主动服务，服务时态度要亲切，动作要迅速。

在更换菜时，如果转盘脏了要及时清理，在擦拭转盘时一定要手持一个底碟进行，避免脏物落在台上。如客人碰翻酒水杯具，要迅速用餐巾帮助客人清洁，并重新更换。

在客人用完餐后，收掉餐台上除酒杯和茶杯以外的一切餐具，并换上点心碟及水果刀叉，然后再上甜品和水果。

6. 宴会结束

上菜结束后即可作结账的准备，清点酒水、烟、调料及加菜等宴会菜单以外的费用累计总数。

当客人用完餐后服务员应帮助客人拉开座椅，方便其行走。

所有客人走完后，服务员开始收台，先检查是否有未熄灭的烟头，是否有客人遗留的物品等。清理台面时，先收餐巾、口巾和银器，然后再收水杯、瓷器、刀叉等，并按顺序摆放。

7. 就座离席的顺序

待长者或者贵宾坐定后，方可入座。席上如有女士，应招呼女士先坐。用餐后，须等主人离席后，其他宾客方可离席。坐姿要端正，不要跷二郎腿或不停抖腿。离席时，应帮助隔座女士或长者拖拉座椅以示尊敬。

一般宴会的时间很长，大约两小时。有人可能逛了几圈，认得一些人后就想离开了。这时候，中途离席有一些技巧。

宴会进行得正热烈的时候，如果有人想离开，会引起众人一哄而散的结果。为了避免这种煞风景的后果，当你要中途离开时，千万不要和每一个人一一告别，只要悄悄地和身边的两三个人打个招呼就可以离去了。

中途离开酒会，一定要向主人说明、致歉，不可一溜烟便不见了。和主人打过招呼，应该马上就走，不要和主人聊个没完。因为对方要做的事很多，现场也还有许多客人要招呼。

有些人参加酒会、茶会，当中途准备离去时，会一一问认识的每一个人要不要一块走，这样一来，原本热热闹闹的场面就会因这一鼓动一下子便提前散了。这种闹场的事最难被宴会主人谅解，一个有风度的人可千万不要犯下这钟错误。

第六章

销售技能修炼，最好的服务员就是最好的销售

服务销售是酒店服务员在充分认识消费者需求的前提下，为满足客人需要在销售过程中所采取的一系列活动。它是酒店销售管理深化的内在要求，也是酒店在新的市场形势下竞争优势的新要素。

第一节　服务销售

一、什么是服务销售

酒店服务是一种涉及某些无形因素的活动、过程和结果，也包括与客人或他们拥有的财产间的互动过程和结果，并且不会造成所有权的转移。

从上面的定义中可看出，酒店服务不仅是一种活动，而且是一个过程，还是某种结果。服务销售成功的酒店无一不是这样：优质的产品、成功的品牌定位、高美誉度。

一种是服务产品，产品为客人创造和提供的核心利益主要来自无形的服务；一种是功能服务，产品的核心利益主要来自有形的成分，无形的服务只是满足客人的非主要需求。

服务销售是酒店服务员在充分认识消费者需求的前提下，为满足客人需要在销售过程中所采取的一系列活动。

服务销售是酒店销售管理深化的内在要求，也是酒店在新的市场形势下竞争优势的新要素。服务销售的运用不仅丰富了市场销售的内涵，而且也提高了面对市场经济的综合素质。

针对酒店型企业竞争的新特点，注重产品服务市场细分，服务差异化、有形化、标准化以及服务品牌、公关等问题的研究，是当前酒店竞争制胜的重要保证。

二、如何创造客户体验

关注客户需求，不仅要关注客户的“理性”需求，还要关注客户的“感性”需求。客户体验突出了客户感性需求的重要性，通过技术与人性、科学与艺术的有效结合，在实现基本的功能和性能的基础上使产品更加人性化，从而创造出客户难忘的体验，让产品和客户共鸣。

简单地说，客户体验就是客户对产品或服务的心理感受。

例如，人们去星巴克喝咖啡会感受到休闲、享受以及小资情调。

青少年穿耐克鞋的酷炫感受，人们使用宜家家具感受到的简约而不失时尚的生活方式。

可见，客户获得的不仅仅是带来实际功能的产品，还是一种感觉，一种情绪上、体力上、智力上甚至精神上的体验。

为了进一步了解客户体验，这里把客户体验分为三个层次，即感官体验、使用体验、结果体验。

1. 感官体验

产品对客户视觉、听觉、触觉、嗅觉及味觉等感官刺激，通过感官刺激而获得的心理感受。感官体验是客户对产品最直接的体验，也是最容易感受到的。

例如，星巴克把典型美式文化分解成感官体验的元素——视觉的温馨、听觉的随心所欲、嗅觉的咖啡香味等，透过巨大的玻璃窗，看着人潮汹涌的街头，轻轻啜饮一口香浓的咖啡，这些都非常符合都市白领的感觉体验。

2. 使用体验

客户在使用产品中的感受是对产品的进一步体验。产品使用体验的目标是使产品易用、友好。比如，你去酒店进餐，而所体验的菜品是否能达到客人的需求，就只有去吃过的人才懂得。

3. 结果体验

客户在使用产品的功能之后所产生的体验，我们称之为结果体验。比如，客户在酒店使用电饼铛或面包机做出了美味的面食，会产生出成就感，这就是典型的结果体验。

三、以客户为中心的思维

做好客户需求挖掘，一个重要的前提是建立以客户为中心的思维方式。原因很简单，当今酒店行业竞争激烈，各种各样的酒店遍地开花，客户在选择酒店服务上占据了主导地位。面临着越来越多的选择，客户面对众多的酒店是如何选择的呢?

首先，客户要看酒店的功能和特性是否满足自己的需求，如果客人请朋友吃饭，可能会选择一家物美价廉且干净的酒店。

其次，客户要看酒店的服务是否值得信赖。有人问，海底捞为什么这么火?因为海底捞的服务到位，很多客人就是冲着这种客户体验去的。

最后，客户要看酒店是否还能满足自己更个性化的需求。比如，选择一家酒店办婚宴，这就需要酒店档次相对较高，酒店内要有宽敞的空间，等等。这些，都是客户以自我需求为出发点的。

以客户为中心，可以说是广为流行和受到普遍认可的一个经营理念，然而，在酒店实际经营中却常常有意无意地远离了以客户为中心，变成是以下三个主要表现：以我为中心，以老板为中心，以竞争对手为中心。

1. 以我为中心

以我为中心，就是完全以酒店管理者的品位、喜好为导向，这样就会离客户的真实需求越来越远。

2. 以老板为中心

比起以我为中心，酒店管理者更棘手的问题是如何处理来自老板的想法、建议，甚至命令。如果老板的想法和客户的想法比较吻合，这就不是什么问题。酒店管理者需要思考的是老板是不是也是以我为中心，是否也没有经过调研分析就拍脑袋作出决策。如果完全以老板为中心，产品也很有可能远离了市场的需求。

克服以老板为中心，需要酒店管理者深入市场、接近客户，拥有一手的事实资料和数据，在此基础上与老板进行讨论，事实才是最好的说服力。当然，这需要酒店管理者不要有过于迎合、为马首是瞻的思维模式。

3. 以竞争对手为中心

酒店管理者在研究分析竞争对手的产品时也会陷入竞争对手的思维框架

中，尤其是管理者在面对强大的竞争对手或者是市场反应良好的竞品的时候更容易这样。

然而，也会存在以下问题：竞争对手和本酒店的实力不一样，别人能做出的，自己未必有能力做出；菜品、服务等同质化严重，陷入价格竞争；当本酒店模仿别人推出新菜品后，竞争对手已经降价了；等等。

四、服务销售的六个要点

我国的酒店业是在改革开放的大背景下发展起来的，是最早接受国外先进技术和管理经验的一个行业。然而，现在不少中小型酒店的经营仍然停留在照搬西方模式的初级阶段，缺乏经营的灵活性和创新意识，经营成效并未达到最佳状态。而销售就是当前酒店急需加强的部分。抓好销售，酒店需要做好以下六个方面的工作。

1. 打好酒店经营的基础

酒店经营的基础可以简单概括为“一个中心”和“两个基本点”。

所谓“一个中心”，就是市场，即目标客人。酒店必须关注市场，以市场为导向，围绕市场来开展工作。遵循市场规律，做好市场调查，了解市场需求。

所谓“两个基本点”，就是培育和造就高素质的员工队伍以及树立正确的经营理念。这可以从市场的角度来界定。市场无时无刻不存在竞争，竞争是非常残酷的，要想在激烈的竞争中获胜，酒店自身必须练好内功，把企业内部各方面的工作管理好、协调好，才能增强经营实力，在变幻莫测的市场中立于不败之地。因此在“两个基本点”上狠下工夫尤为重要。

酒店服务的生产与消费是同时发生的，客人与员工接触也是多层面和广泛的。没有一流的员工，就不会有一流的服务；没有满意的员工，就不会有满意的客人。员工是饭店最宝贵的财富和资源。培育和造就具备良好素质、丰富知识、娴熟技能、规范礼仪、诚信商业道德和热忱工作态度的员工队伍是饭店经营最根本的工作。

酒店是传统的服务行业，服务要尊客为上，让客人来到酒店切实感受到宾至如归，处处满意。酒店员工要树立“使客人满意为第一已任”的工作理念，全方位为客人着想和服务，从思想建设上奠定良好的经营基础。

2. 用创新思维经营

社会越发展，市场越细分，酒店经营越该专业化。如果酒店产品雷同、千篇一律、百店一格，就会导致竞争愈演愈烈，导致成本上升，效益下降。消费者需求多样化，这在客观上要求酒店产品也必须多元化。酒店硬件不能一味攀比豪华、气派、大而全，而应该立足于在有限的投资中尽量设计出各自不同的风格、品位、气氛和文化特色。酒店的软件设施也要在具备“老三化”——规范化、标准化、程序化的基础之上做到“新三化”——个性化、特色化、形象化。

酒店的创新要遵照客人的要求去做，充分征求客人的意见，听取多方面的反映。对于酒店的新客人，要加强宣传酒店自身的功能特色，突出与其他酒店不一样的地方；对于酒店的老客人，就应该主动征求改进意见，及时改进工作，使老客人不断感受到新的服务和新的变化，提升老客人对酒店产品的忠诚度。

产品有变化、有创新、有突破，酒店才能表现出与众不同的差异性，最容易的突破点就是文化。酒店可以在房屋造型、室内装修、服务人员服饰、服务形式、饮食文化、背景音乐、娱乐活动等方面突出表现本地方特点，用不同的地域特点来吸引客人。酒店提供的是生活服务，客人的一般心理总是求新、求异、求变的，如果一味去迎合客人原有的生活方式，不一定能取得理想效果。

因为客人来自四面八方，程式化的模式不可能适应所有客人，有时候客人也许会觉得这种迎合是一种蹩脚的服务。当然，创新服务不能强加于人，要给客人提供多种选择的余地，并尊重客人的选择，做好个性化服务。

3. 重视关系销售

关系销售就是针对重点客人的销售，其目的在于提高常客的忠诚度，巩固市场份额。关系销售的手段有：常客优惠，以快速办理登记和结账，记录常客以往信息提供个性化的住店服务。一次个性化服务的经历会给客人留下深刻的印象。

酒店在关系销售中收集与客人有关的信息极为重要。为了提供个性化的服务，通过各种信息渠道收集客人的个人资料，准确地了解他们的消费爱好。当他们下次住店时，不需要登记，服务人员就会恰当地称呼他们，并引客人直接入住，并且各项服务均符合这些客人的要求，如客房的朝向和内部布置，及时接通长话和提供商务支持，床上和洗浴用品也符合他们的个性化要求，等等。

许多客人都有这种与酒店建立友好关系的潜在要求，他们希望能长期从该酒店获得个性化服务，希望服务人员熟悉他们、关心他们，主动与他们联系，为他们提供高质量的服务。

酒店一旦识别和选择了关系销售的对象，就应该主动与他们联系。定期与选定的客人接触，了解他们对服务工作的意见和建议，会使他们认为酒店是自己关系网中的一员，有亲切感，当需要到酒店消费时会下意识地首选该饭店。

4. 做好酒店内部销售

内部销售就是全员促销，这是酒店销售的继续和延伸，是节约销售成本的最好形式。

首先，内部促销是面向已经入住的客人或老客人进行的促销，稳住已有的客人就是稳住已有的市场份额。

其次，内部促销不需要专职人员，与外部促销活动相比既容易又方便。从酒店的总经理到服务员，从前台到后台，人人都可参与，酒店全员都是义务推销员。只要把全体员工的积极性、主动性调动起来，再适当地掌握一些方法和技巧，酒店就会形成强大的内部推销力量。

最后，内部促销不需要专门的经费投入。它不像广告、公关等要有专项经费开支，而是在酒店员工完成本职工作的同时能不失时机地、恰到好处地向客人推销，只需多一些灵活的方法、语言技巧和形式的变换而已。这样做，成本最低，见效最快。

内部促销的前提是服务优质化。只有优质的服务才会令客人满意，才能让客人乐于接受内部促销的诱导，才会愿意增加消费或再次消费。此外，建立一套激励内部促销的机制是做好内部促销、树立全员销售意识的制度保证。

5. 开展营业推广活动

营业推广是酒店为了促使客人加快购买决策、增加购买数量而采取的一系列鼓励性的销售措施。酒店往往通过某种活动来变换产品销售的方式，以达到宣传和促销的目的。在特定时期或特定任务下，施行短期推销，目的是在短期内强烈刺激市场需求，迅速取得销售效果。

酒店营业推广的形式有庆典活动、节假日促销、主题销售、文化表演、美食节、康娱项目、名人讲座、展览等。比如郑州中州一个假日饭店，在每年的圣诞节和中秋节都会举办丰富多彩的节日集会活动，并借机推出节日客房和餐饮产品，每次都产生了轰动效应，成为当地的新闻焦点，引起了很好的市场反响，取得了丰厚的经济收益。

酒店在重要的日子举办各种文化品位高、艺术氛围浓、内容独特新颖、形式活泼健康的销售活动，是常见又有效的销售手段，不仅能直接增加酒店收入，还能扩大酒店知名度，树立酒店良好的市场形象。

酒店销售不能坐等客人上门，同样需要选择合适的媒介进行宣传。在当今社会，传播媒介呈现多样化，不同媒介所针对的受众和辐射范围有所不同。电视、广播、报纸、杂志、商业信函、宣传品、户外广告、流动交通广告等众多媒体和宣传途径往往让酒店在作抉择时犹豫不决，无所适从。

一些酒店虽然经常在某些媒体广告上出现，但效果并不理想。原因在于酒店的目标客人比较分散，而媒体的受众又相对集中，酒店的宣传事倍功半。对于覆盖整个市场的宣传，酒店应该通过制造新闻事件来宣传自己，如设法吸引名人、政要入住酒店，以及举办社会反响较大的活动等，频频在媒体上亮相，借助新闻宣传扩大饭店影响。或者根据酒店的主流客人进入城市关口，如机场、车站、码头设立户外广告，以及有针对性地给老客户和潜在客户散发信函、纪念品、宣传品上门促销，才能收到较好的效果。

品牌是酒店重要的无形资产，利用品牌销售是一种非常有效的市场手段。酒店品牌的树立能够引发客人的消费偏好，建立客户的友好感情，增强消费者的认同感和对品牌的忠诚度，从而达到销售酒店的目的。酒店品牌通过名称、标识物、标识语让客人认知和区别不同于别家的定位。

酒店品牌的树立建立在服务质量之上。酒店住宿是一种以服务为主要内容的无形产品，十分依赖消费者事前对它的质量感知。酒店品牌主要透过酒店的表象特征传达给客人，具体表现在价格、服务人员的仪表、建筑物外观以及明显能对客人产生第一印象的其他方面。不过，酒店品牌的形成不是一蹴而就的，是依靠饭店长期的科学管理和坚持不懈的销售努力取得的。品牌销售就是名牌创建的过程，其目的在于不断提升品牌、形成名牌。

6. 建立网络销售渠道

信息技术的发展，早已经渗透到各个行业，并在酒店业广泛应用。网络销售以其难以想象的发展速度成为酒店最有效、最经济、最便捷的销售手段。酒店网络销售系统是具有革命性的饭店销售创新，优势主要在于能够有效展示饭店形象和服务，建立与客户良好的互动关系，高效率管理销售过程，还能显著降低销售成本，提高经济效益和管理水平。

酒店网上销售窗口可以分别设计为外部连接和内部连接两大系统，外部连接其他酒店网页、旅游网站、酒店所在地区其他网站、搜索引擎网站的连接等；内部连接酒店销售信息内容的布局与打开形式。酒店销售信息的内部连接关系到销售信息内容布局的合理性，即符合人们观看习惯，以及访问者获取相关信息的方便性。

上网者总是希望通过最简单的途径获取最有价值的信息，因此应尽量做到网上销售信息的内容结构必须突出酒店经营特色，尽量将主要信息放在屏幕中心位置。如果信息板块较少，可直接采用罗列式排列，访问者利用滚屏方式获取信息。

如果信息板块数量较多，为方便访问者寻求所需信息，应通过超文本连接来实现，但连接的深度最好不超过三级。级数太多，会使浏览者失去耐性。对于条目繁多的告知性销售信息，如餐饮特色价格、服务时间、客房类型、面积和价格等，可尽量采用表格形式表现，使人一目了然。

第二节 销售技能

一、销售意识的内涵

酒店的销售活动有内、外两种，外部销售是为了开拓市场、增加客源、宣传自己、树立形象；内部销售是为了争取回头客，提高客人消费额，这显然是酒店所有部门的员工，特别是为客人直接提供服务的服务员的一项重要职责。

因此，酒店每一位员工都要有销售意识。那么，销售意识包括哪些内涵呢？我通过下面四个服务案例来阐述。

【经典案例】

一天上午，某酒店客房部员工小赵像往常一样认真地检查收洗的客衣。当检查到204房客人的衣物时，发现一件衬衫上的小领扣碎了。

她立即征求了客人意见，客人说这件衣服是从国外买的，扣子是特制的，可能不好配。但因为碎的是领扣，客人请小赵在第二天前尽量想办法配上，同色相似的也可以，因为第二天客人要穿这件上衣会客。

小赵答应了客人的要求，找遍了所有备用的纽扣，但是没有发现这样的扣子。情急之下，小赵灵机一动，想到了一个好办法，就是用强力胶把纽扣粘上。

事不宜迟，小赵立即去工程部借来最好的强力胶，并仔细地拼接和粘连纽扣，终于，扣子被完整无缺地粘好了，小赵又一针一线地把扣子缝在衬衣上。

当衬衫被完整无缺地送回客人房间时，客人惊叹不已，忙问扣子是在哪里买的。当得知扣子是用胶粘上时，客人朝小赵竖起了大拇指，并夸道："一流的服务，加上聪明的员工，我服了！"

可以肯定的是，这位客人下次一定还是住这家酒店，这次纽扣的事件一定让客人记忆深刻。

“重要的不是拉来客人，而是留住客人”，对于处于最一线的服务员来说，做好本职工作就是销售。这种销售的特点在于：服务员在自己的岗位做好本职工作，提供优质服务争取回头客，用优质的服务树立酒店整体的形象，并通过客人的口碑对外宣传。

同时，服务员的优质服务又能够提高人均消费额。在酒店合理收费的前提下，客人的人均消费额越高，说明客人在酒店消费得越满意，酒店的综合效益也会越好。

【经典案例】

几位同行的客人到杭州某酒店商场购物。在茶叶专柜前，他们看了看价格，便议论道：“这儿的东西好贵，我们还是到外面去买吧！”

这时，服务小姐走上前来，关切地说：“先生们，到外边去买茶叶一定要去正规的大商场，因为市场上以次充好的茶叶很多，一般是很难辨别的。”

客人立即止步问：“哪家商场的茶叶比较好，怎么选择好的茶叶呢？”于是，服务小姐告诉客人茶叶的等级区分，如何分辨茶叶好坏，又介绍了本商场特级龙井的特点，价格虽略高于市场，但对游客来说，买得称心、放心才是最重要的。

几位客人听了服务小姐的介绍，爽快地买了几包茶叶。当然，服务小姐顺利地做成了一笔较大的生意。

酒店服务员要与客人直接接触，常常面临许多销售机会，因此，全体员工除按酒店服务规程要求提供规范化服务之外，还需积极、主动、创造性地推销酒店的各项产品与服务。

为了达到全员销售的目的，酒店要对员工进行相应的销售知识与技巧的培训，也应充分创造条件，在制度上给予支持，如给予前台人员一定的销售折扣和优惠权限等。

【经典案例】

圣诞节前夜，南京某酒店总机值班的王小姐接到某外贸公司一位客人的来电，询问圣诞节活动一事，并说曾打电话给另一家酒店，那家酒店的总机接待员告知订票处已下班，于是他转而打电话到该酒店进行咨询。

王小姐是个有心人，事先已经对酒店圣诞节的安排了解得一清二楚，于是她马上热情、细致地把酒店圣诞活动安排的有关情况向客人一一作了介绍。客人听了非常满意，第二天客人来酒店订了35张圣诞活动票。

完整的销售过程是为客人提供全方位服务的过程，酒店员工应了解酒店产品的信息。酒店中部门和岗位繁多，他们各司其职，但当客人需要帮助时，他会随便向任何一位服务员进行询问，因为他认为酒店中的每一位服务员都有义务为他服务。

因此，酒店服务员所要掌握的不应局限于本部门或本岗位所需的专业知识和能力，还应拓展至酒店服务与管理所需的专业知识和能力，以便全面满足客人需求。

【经典案例】

某酒店总经理与三位客人在咖啡厅商谈工作。一名服务员上来给各位倒咖啡，其中一位客人因胃不适，要了红茶。

其间总经理出去接电话，三位客人去了洗手间，都离座了。等大家都回到座位上时，桌上的杯子里都加满了咖啡，连那杯红茶也变成了咖啡。

客人把服务员叫过来，问道："怎么这杯红茶也倒上了咖啡？"服务员急忙解释道："这不是我倒的，我去问一下谁倒的。"说完，转身就走开了。

过了一会儿，这位服务员走过来，对着客人指着吧台上的另一位服务员说："您瞧，是她倒的。"说完，转身便又走开了。

服务员这种"追究责任"的做法极其不妥，严重损坏了酒店的形象。实际上，这件事情处理非常简单，服务员只需要以酒店代表的身份向客人道歉，并给客人换上一杯红茶即可。

酒店效益的好坏不是老板一个人的事，而是与每个人、每个环节都息息相关。酒店的每一位员工都要有全局观念，通力协作，共同树立酒店的良好形象，为一致的销售目标而努力。

为此，酒店所有员工要协调一致、快速反应，为客人提供及时、完善、周到的服务。此外，员工向客人推荐酒店产品时不应只考虑本部门的产品，还应洞悉客人的需要，为客人推荐酒店其他部门的产品，以寻求酒店的综合效益。

综上所述，酒店员工销售意识内涵包括四个方面：①出色地完成本职工作；②及时捕捉销售机会；③熟悉整个酒店的服务工作；④有全局观念。在服务业竞争日趋加剧的今天，进行“全员销售”已经成为酒店扩大市场、增加销售额的必然发展趋势，要使其全面展开，首要的任务就是提高员工的销售能力。

二、销售能力现状分析

当下，酒店员工普遍缺乏销售意识，欠缺推销技巧。据我初步调查得知，在酒店西餐厅，只有大约30%的服务员会向客人主动推荐菜品、酒水；中餐厅的比例要高一些，大约40%的服务员在客人点菜时会给出建议，进行合理的配搭。

服务员能够向用餐的客人介绍酒店其他服务设施的则只有20%，然而，80%的客人都希望能通过服务员的帮助获得好的用餐体验，并接受服务员推荐的产品。

1. 服务员缺乏销售意识，欠缺销售技巧

首先，大部分服务员认为，自己的责任是为客人提供服务，销售的工作自有销售部的人员去做，这种定位让服务员在工作中只注重服务过程，忽略了对产品的销售。

其次，服务员都是非专业的销售人员，没有相应的销售技巧，无法掌握好推销的时机。很多客人不愿意购买服务员推荐的产品，主要原因在于客人认为服务员推荐的产品一般都是高价格低质量的，这就需要提高服务员的销售技巧，建立客人的信任感。

2. 酒店未予以足够的重视或未落到实处

早在1960年，麦卡锡提出了著名的4P销售组合，即product（产品）、price（价格）、place（地点）、promotion（促销）的销售组合。作为4P之一，促销在酒店的销售活动中具有极其重要的意义，它通常采用广告、营业推广、建立良好的公共关系、人员推销等手段。

随着科技进步、社会发展，酒店越来越注重外部形象，更多地采用了4P

的前三种手段，而忽略了最原始却是最实在的促销方式——人员推销，即使重视了，也没有落到实处，得到真正的利用。

三、进行全员促销的优势

进行全员促销，即使不在销售岗位上的员工，如果接触客人频率高，也要求掌握一些销售技能。像前台接待员、餐饮服务员、收银员，都有可能成为酒店的销售力量，所以提高员工的销售能力就成为酒店培训的必修课。

进行全员促销虽然加大了员工的工作量，但是对酒店而言，其优势的确是显而易见的。

1. 促销方式灵活，对客针对性强

服务员与客人接触得最多，同时服务员也是对产品最为了解的人员，这有利于在销售时针对不同的客人采取灵活不同的推销方式，选择合适的产品，使客人易于接受。

销售部的销售人员对外促销时往往只对产品作简单介绍，而服务员在推销产品时则能对产品进行详细的介绍，增强客人对产品的信任度。

例如，餐饮部的服务员肯定比销售主管更了解一瓶红酒的年份、产地、口味及口感等，在餐饮部服务员绘声绘色的描述下，销售成功的几率当然更大。

2. 及时促成交易，提高营业额

在客人有购买意向的情况下，服务员现场对产品进行介绍，容易强化客人的购买动机，及时促成交易，增加消费，提高营业额。

与广告、营业推广等促销方式相比，服务员直接推销，更能直接快速地达到目的，使客人购买产品。通过服务员的促销，可以使客人在已经购买过产品的情况下再继续增加一部分消费。如果每一位客人都能增加一部分其预算之外的消费，那么，酒店的营业额将得到很大的提升。

3. 节约销售成本，适时反馈信息

一方面，服务员直接促销，不需要专业的销售人员，从总经理到服务员，从前台到后台，人人都是推销员。只要把全体员工的积极性、主动性调动起来，再掌握一定的方法和技巧，酒店就会形成强大的推销力量。

另一方面，服务员直接促销，不需要专门的经费投入，而是在完成本职工作的同时不失时机、恰到好处地向客人推介，可以说是一种成本最低、见效最快的促销手段。

收集客人的反馈信息，是酒店工作的重点。服务员对客人推销产品之后，客人会马上享用推销的产品，易于在第一时间获得客人的反馈信息，及时改进不足，培养与客人的感情，建立长期稳定的关系，在稳固旧客源市场的同时开辟新的市场。

由此可知，酒店进行全员促销，不仅可以增加销售量，提高营业额，节约销售成本，还能增强服务员的亲和力，建立良好的客户关系。所以，对于每一家酒店而言，提高全体员工的销售能力是非常有必要的。

四、提高员工的销售能力

既然是在做销售，就要了解产品的性质，酒店产品具有特殊性，既包含有形的实物产品，又包含无形的服务，是两者的结合体，很难完整区分。

实物产品和无形服务的关系在于：对酒店实物产品的销售，总是伴随着服务；而对服务的销售，又必须以实物为媒介。这就要求在提高员工的销售能力的同时又要注意对服务的促销和对有形产品的促销。

1. 从服务的角度提高员工的销售能力

传统产品的销售核心是“市场占有率”，而服务销售的核心是客人的满意度和忠诚度。

提高服务销售能力，实质上就是在为客人服务时保证服务的质量，以优质、细致的服务来获得客人的满意，建立酒店忠实的客户群。

（1）树立员工的优质服务意识。

要想树立员工的优质服务意识，首先要让员工站在客人的立场，享受到好的内部服务。酒店盈利之源是什么？答案很简单，那就是客人。客人分为多种，有一次性的客人，有偶然性的客人，也有多次消费的客人。显而易见，一家酒店想要持续盈利，就必须依赖那些能够多次消费的客人。酒店为了吸引客人，一般要采取打广告、提升服务水平、改善用餐环境等常规做法。

假如我们开了一家酒店，并且运用以上这些做法吸引了大量的客人，生意不错，但是过了一段时间，在我们的酒店对面有人也开了一个类似的酒店，它同样通过广泛的宣传、精美的店面装修和周到的服务吸引了大量的客人。由于稳定的客人数量在一定的地区是有限的，所以我们的生意会随之变得冷淡下来。

海底捞在内部服务上可以说是餐饮企业的楷模，而事实上海底捞也可能面临同样的问题。如果其他餐饮企业通过学习海底捞的特色服务来提高自己的服务水平，同样能够吸引大量的客人，使海底捞的客人减少，随之而来的就是海底捞的利润减少。然而，这样的情况并没有出现。很多企业虽然可以复制海底捞的服务，但是海底捞依然保持着稳定的客源，持续地盈利。

为什么会这样？这就需要回到我们刚才面临的那个难题上了。面对这样的难题，一般的餐馆是怎样做的呢？是进一步提高餐馆的服务水平？增加菜品？加强宣传或者直接进行价格战？

我们分析一下它们的做法是否有效。通常来讲，提升餐馆的服务水平，无非就是让服务员更殷勤一些，笑得更甜美一些，上菜更快一点。从实际操作来看，提升服务水平很难做到。这是因为服务员是生动的人，管理者驱使他们做到这一切并不容易。增加菜品，虽然在一定时间内能够奏效，但是如果对方模仿我们的做法，过一段时间这招同样失效。因为餐馆所定位的客人范围是一定的，所以，加强宣传也不能吸引更多稳定的客人。

在以上做法都没有明显效果的情况下，我们所能做的就剩下价格战了。餐馆通过压低成本使饭菜价格降低，从而在竞争中站稳脚跟。一旦我们不能有效地压低成本，那么在产品降价的情况下，餐馆的盈利水平就会下降。

实际上，很多餐饮企业在开张之前就意识到竞争对手的存在，它们为了获得竞争优势，不断地削减成本，提升运营效率。大多数餐饮企业都固执地认为，员工就是一种固定成本，企业想要获得更多的利润就必须尽可能地压低这个成本。

他们认为，花在员工身上的劳务成本越低，其服务在市场上的竞争力就越强。因此，很多餐饮店为了节约这个成本，给服务员很低的工资，所提供的福利也不过是食宿而已。即便是经营状况很好的餐饮企业，为服务员提供的工资和福利待遇同样低于其他行业。

餐饮企业这样做确实能够节省成本，在一段时间内提升企业的盈利水平。但是，时间久了，就会对企业的盈利水平造成不良的影响。这是因为，通过对利润服务链的分析，我们知道，企业的盈利水平与员工的满意度有关。员工在收入很低的情况下，基本上也没有多少工作热情；他们一旦没有工作热情，就不会给客人提供令人满意的服务；客人不满意服务的情况下，就不会继续在这里消费，企业的利润自然就会因此减少。

事实上，很多企业并没有认识到善待员工的重要性，而是把更多的精力投入到改进产品或者服务上。企业通过改进产品或者服务固然可以在短时期内获得效益，但是新的产品和服务很快就能够被复制，这样一来，原来的优势会迅速消失。

因此，企业想要持续获得高效益，首先要做的不是从产品或者服务上下工夫，而是要先从员工身上做文章。也就是说，企业要从关注供应链转向关注需求链。

简单地说，企业不能把主要精力放在产品、价格和供应上，而是要把主要精力投入到如何吸引和留住客人上去。而企业吸引和留住客人的关键，就在于一线员工提供的客人体验，而一线员工的满意度直接决定了他们给客人提供体验的好坏。所以，企业想要获得利润，首先要提高员工的满意度。

酒店服务质量的的核心因素在于“人”，只有员工满意，才会有满意的客人，从这个意义上说，酒店客人的满意度实际上就是酒店员工满意度的外在表现。酒店外部服务质量好坏实际上也是酒店内部服务质量的外在体现。内部服务质量高，员工就有一个良好的工作环境和工作氛围，并在这种环境和氛围的感染下潜移默化地树立起优质服务意识。

（2）制定完整的服务标准并严格执行。

由于酒店的每一位员工对服务的理解深浅层次各不相同，服务质量就会因人而异，不同的员工带给客人不同的服务体验。要消除这种服务差异，照顾好每一位客人，就需要制定一套完整细致的服务标准。

要想制定一套完整细致的服务标准，服务标准文字化、公开化是先决条件，其次是建立奖惩制度，给予员工适当的激励。这一措施不仅对提高服务质量有效，还对提高实物产品的销售量有效。

（3）强化员工的服务技能。

服务技能是服务员在工作中最基本、最重要也是最实用的技能。在强化员工的服务技能时，要注意以下两方面：①注重沟通。沟通是一个互动的过程，既要向客人了解他们的需求，也要向客人介绍酒店的产品和服务。②培养员工的观察能力和领会能力。敏锐的观察能力使服务员在第一时间就看到客人的需要；较强的领会能力使服务员更能领会客人的暗示，从客人的表情、动作来预测到客人的需求。

2. 从产品的角度提高员工的销售能力

有形产品本身就能展示自己的竞争优势，提高员工对产品的销售能力更趋向于提高员工的推销技能和专业水准。

（1）树立推销意识。

在酒店的日常工作中，服务员具备较强的服务意识，却缺乏相应的推销意识，主要是服务工作已经让他们将自己定位成了服务员，而忽略了自己同时还扮演着推销员的角色。

客人在点餐的时候，点什么是什么，极少会有服务员主动向客人推销菜品和酒水。一方面，有些服务员片面地认为酒店是通过服务来赚钱，而不是通过好的产品及优质的服务等来获得利润。另一方面，很多服务员都认为，开拓市场、发展客户、促销产品是销售部的事，与自己无关。所以，要提高员工的销售能力，首要树立员工的销售意识。

（2）提高推销技巧。

服务员要提高推销技巧，主要包括以下几方面：首先，熟悉推销产品的特点。只有了解了自己的产品，才能向客人作全面的介绍，促使客人购买自己的产品。其次，观察并熟悉自己的客人。按一定的标准将客人简单分类，针对不同的客人推荐合适的菜品和酒水。最后，适时地向客人推销自己。通过积极主动地与客人交流，建立起良好的客户关系，取得客人的信任。一旦建立了这种信任感，客人就会相信你推荐的产品，这也是赢得回头客的重要因素。

（3）选择正确的销售方式。

酒店服务员可采用的销售方式主要有三种：第一种是提示性销售，在客人不能确定需要什么的时候，推荐与客人相匹配的产品；第二种是推广性销售，比如，在客人用餐时推荐菜单上高收益的菜品，不一定是高价格，但是是高利润的；第三种是增加性销售，销售额外的产品，比如，客人已经点完餐，再销售给客人一个或者两个菜品，这样能增加客人的平均消费。

服务员处于酒店工作的第一线，是接触客人最多，也是最容易与客人建立良好关系的部分，加强其销售意识和销售能力，是完成企业销售目标的决定性因素。

酒店应当树立起“全员促销”的理念，提高员工的销售能力，让销售在员工心里有着和服务同样重要的地位。优秀的员工不仅要为客人提供优质服务，还要能够成功地销售产品。

第三节　酒店产品如何定位

一、酒店产品定位的方法

酒店产品定位的方法可以归纳为以下七种。

1. 根据属性和体验定位

如酒店客房的“豪华气派”、“卫生舒适”，酒店往往强调产品的一种属性，而这种属性是竞争对手没有顾及到的。

2. 根据质量和价格定位

价格与质量两者变化可以创造出不同产品定位。在通常情况下，质量取决于产品的原材料或生产工艺及技术，而价格往往反映其定位，例如人们常说的“优质优价”、“劣质低价”，正是反映了这样的一种产品定位思路。

3. 根据产品用途定位

发扬同一个产品项目的各个用途并分析各种用途所适用的市场，是这种定位方法的基本出发点。同样是一个大厅，它可以作为大型宴会、自助餐的场地，也可以被当成会议大厅进行各种会议，同时，还可以成为各种展示、展览的场所。对于这样的一个产品，酒店可以根据其不同的用途，在挑选出来的目标市场中分别树立起不同的产品个性和形象。

4. 根据使用者定位

这是酒店常用的一种产品定位方式，即酒店将某些产品指引给适当的使用者或某个目标市场，以便根据这些使用者或目标市场的特点创建起这些产品恰当的形象。许多酒店针对当地居民“方便、经济、口味丰富”的用餐要求，开设集各地风味于一体的大排档餐厅，便是根据使用者对产品的需求而进行的定位。

5. 根据产品档次定位

这种定位方式是将某一产品定位为与其相类似的另一种类型产品的档次，以便使两者产生对比。例如，一些酒店将自己客房的档次设定为与某一家公众认可的好酒店的客房档次相同，以使客人更易于接受他们的产品。这种做法的另一个方面是为某一产品寻找一个参照物，在同等档次的条件下通过比较来突出该产品的某种特性。

如一些酒店推出的公寓客房，突出在与标准间同等档次的前提下具备的厨房设施，更加适合家庭旅游者使用，从而达到吸引家庭旅游者购买的目的。

6. 根据竞争定位

酒店产品可定位于与竞争直接有关的不同属性或利益。例如，酒店开设无烟餐厅，无烟意味着餐厅空气更加清新。这实际上等于间接地暗示客人在普通餐厅中用餐，其他人吸烟会影响到自己的身体健康。

7. 混合因素定位

酒店产品定位并不是绝对地突出产品的某一个属性或特征，客人购买产品时不单为获得产品的某一项得益，因此，酒店产品的定位可以使用上述多种方法的结合来创立其产品的地位。这样做有利于发掘产品多方面的竞争优势，满足更为广泛的客人需求。

二、酒店产品定位的目的

酒店产品定位要达到的主要目的就是使客人能够将本酒店与其他竞争对手区别开来。实现这一目的，通常必须开展以下几方面的工作。

1. 确定竞争对手，分析竞争对手的产品

酒店的竞争对手实际上就是酒店产品的替代者，即有与酒店相同或近似的特点（如相同或相近的地区、酒店星级、客人群、价格等）的酒店。

判断某一酒店的产品是否和本酒店的同类产品存在竞争，有一简单的测试方法：在酒店降低产品价格时，观察对方的客人是否转移过来，如果有，则说明对方是酒店的竞争对手，客人转移得越多，则说明竞争程度较高，反之则较弱。

确定竞争对手之后，酒店必须采取多种渠道收集竞争对手产品的有关信息，了解目标市场上的竞争对手向客人提供何种产品，其质量、数量、价格、

特色等方面与本酒店同类产品比较有哪些优势和不足，从而明确竞争对手的产品定位情况。

对竞争对手产品的调查可以通过多种渠道，例如，向曾经购买竞争对手产品的客人进行调查，了解他们的购买经历、对产品的评价等信息；也可以派人到竞争对手那里实地消费和观察，以获取准确的竞争对手产品的有关资料。可以记录对各个竞争对手的调查数据，可以汇总目标市场内的总体竞争情况，并与本酒店进行优劣对比。

2. 准确选择竞争优势，树立市场形象

通过上一步，酒店对目标市场内的竞争对手及其产品进行了细致深入的调查和优势分析，发现本酒店优势所在，这些优势就是酒店产品定位的主要基础。

酒店可能会面对多种竞争优势并存的情况，此时强调所有的优势并不可取，因为那样有时会给客人留下“王婆卖瓜，自卖自夸”的感觉，而且，信息过多反倒失去重点，不利于加深客人的印象。因此，酒店应当运用一定的方法，在众多竞争优势中进行取舍，评估和选择出最适合本酒店的优势项目，并以此初步确定酒店产品在目标市场上的位置。

酒店产品的优势一经确定，就必须采取各种手段准确有效地向目标市场传播酒店产品的定位观念。酒店产品的优势不会自动地在目标市场上表现出来，要使这些优势能够发挥作用，影响客人的购买决策，酒店需要以产品特色、优势为基础，树立鲜明的市场形象，通过积级主动而又巧妙地与目标市场中的客人进行沟通，引起客人的注意和兴趣，求得客人的认同。

要对目标市场进行宣传、沟通时，酒店要尽量避免因宣传不当在公众中造成误解，影响酒店优势的发挥。例如，传播给公众的定位过低，不能显示自己的特色；或定位过高，不符合实际情况，误导客人认为酒店只经营高档、高价产品；或是定位含糊不清，无法在客人中形成统一明确的认识。

3. 审时度势，调整产品定位

客人对酒店及其产品的认识并非一成不变，产品的定位即使很恰当，在遇到下列情况时亦会发生偏差：

（1）目标市场中的竞争对手推出新产品，定位于本酒店产品附近，侵占了本酒店产品的部分市场，致使本酒店产品的市场份额有所下降。

（2）客人的喜好发生了变化，使得对本酒店产品的偏爱转移到竞争对手的某些产品上去。

当遇到上述情况时，酒店应根据变化，采取具体的办法，对本酒店产品进行定位调整甚至重新定位。在作出定位调整或重新定位决策之前，酒店应考虑以下一些因素：

（1）酒店要准确计算好自己的产品定位从一个目标市场转移到另一个目标市场的全部费用。

（2）酒店将自己的产品定位在新的位置上时，能够得到怎样的回报。

收益的多少取决于目标市场的购买者和竞争者的数量，其平均购买率有多高，在目标市场中酒店产品的销售价格就定在什么水平上。

酒店应将收、支两方面的预测进行认真逐一的比较，权衡利弊得失，然后再决定是否将本酒店产品定位在新的位置上，避免仓促调整，造成得不偿失的局面。

第四节　我们是否了解服务的客人

一、客人的消费动机

客人的消费动机是指客人在消费过程中所存在的心理特点。酒店服务员应该充分掌握客人的消费心理，才能提高服务销售的成功率。

一般来说，客人的消费心理有实用心理、安全心理、物美价廉心理、方便心理、审美心理、时尚心理、占有心理、自我表现心理等。这些消费心理是通过不同类型的客人表现出来的。

服务人员不仅要掌握客人的这种心理，还要掌握客人其他的消费心理，以便于根据实际情况来决定做法。下面逐一进行介绍。

1. 实用心理

这是客人最基本的消费心理，是为了满足客人的基本需要，也就是注重酒店产品自身的使用价值。著名心理学家马斯洛说过，人类最低层次的需要是生理需要，即要满足人类生存基本需要的吃、穿、住、用、行，然后才能追求更高的层次。可以说，人的大部分精力都是放在基本的生理需要上的，所以追求实用也是客人最为常见的消费心理。

2. 安全心理

人们在基本的生理需要得到满足之后，便会追求更高的层次，比如说酒店消费品的安全性。客户在选择酒店消费时，会注重该酒店产品会不会给其本人或家庭带来安全感，或者说可不可以避免不安全的威胁。这种安全心理在酒店消费领域表现得是比较突出的。

3. 物美价廉心理

物美价廉是客户在酒店消费时所追求的目标，也是最为普遍最为常见的消费心理。在这种消费心理的作用下，客户在消费过程中对酒店的价格反应比较敏感。在选择同一新产品时如果彼此的质量相差不远，客户往往会偏重于选择价格较低的商品。

4. 方便心理

现代生活的节奏不断加快，人们越来越注重时间的利用效率。在这种心理的支配下，人们会尽量购买给自己的家庭生活和工作带来方便的新产品，例如各种半成品的食物、饮料等，这都给人们在饮食方面带来了方便，满足了客户的求快心理。

5. 审美心理

爱美之心，人皆有之，美能给人带来精神上的享受，给人带来愉悦感和满足感。那些美观大方的酒店新产品会格外吸引客户的眼球，勾起客户强烈的购买欲望。酒店销售人员应该注意到客户这一心理需求，有意展示自己新产品美的形象，以吸引客户。

6. 时尚心理

追求流行时尚是现代消费者，特别是青年消费者所热衷的。这些消费者总是喜欢新产品，享受新服务，跟随流行时尚，即使价格高一点也不在乎，反而对陈旧落后的东西不感兴趣。

7. 占有心理

有的消费者对有的商品并不是十分需要，只是觉得东西好，非常喜欢，想买来据为己有，这就是"占有心理"，这是人类的一种占有欲的表现。酒店销售人员则可以利用客户这一心理，让客户喜欢自己的新产品，从而把东西买下来。

8. 自我表现心理

这是一种客户需要得到他人的尊重，渴望在酒店消费活动中表现自己，以得到他人的恭维和赞美来满足自己的一种心理。在消费活动中，听到酒店销售人员对自己的恭维和赞美，客户会觉得很有成就感，得到心理满足。而酒店销售人员则可以利用客户的这一心理，尊重客户，或者有意地迎合客户，让客户愿意买你的东西。

二、客人的消费类型

德国哲学家莱布尼茨曾经说过："世界上没有完全相同的两片叶子。"其实，何止是叶子？世界上任何事物都没有完全相同的。

酒店服务员应该准确抓住客人的性格，了解客人的特征，给客人的消费分类。要知道，了解客人的性格和了解酒店的产品同样重要。对客人的性格了解，主要是通过沟通来实现的。

每个客人都有各自不同的性格特点，我们要学会分析客人的性格，采取客人所喜爱的方式与之沟通，这样，才能更好地为客人服务。

1. 沉默寡言型的客人

这类客人在与酒店服务员的沟通过程中一般不会说很多话，但他们会仔细地倾听服务员介绍产品。就算是提出问题，一般都是想要更多地了解产品资讯。这类客人比较沉默，并不是因为他们对产品兴趣不大，而是因为他们心里带着许多疑问。

应对策略：首先要说明产品的诸多优点，要多激发他们购买的欲望，尽量减少他们对你的不断发问，可以反其道而行之，去问他们一些问题，将他们带入销售的氛围中。

2. 犹豫不决型的客人

这类客人一般没有什么主见，情绪也不稳定，忽冷忽热。

应对策略：对这种类型的客人，服务员最好果断地为他们作出判断。用一些具有强烈暗示性的话语来提醒他们，以此来激发他们的购买积极性。

3. 小心翼翼型的客人

这类客人在交谈时会非常认真仔细，对服务员说的话都用心听，用心想，稍微有一点不明白他们都会提出问题来，生怕稍微有疏忽而上当受骗。但是正因为他们的心比较细，签单的概率反而比较大。

应对策略：跟着客人的思维节奏走，尽量将你要表达的东西讲清楚，讲透彻，多举一些例子来增加客人的信心，强调产品的附加值及可靠性。

4. 脾气暴躁型的客人

这类客人的忍耐性特差，一旦感觉有一点不满意就会立即表现出来，在交谈中随时都会闻到火药味。

应对策略：酒店服务员只需要用平常心来对待，不能因对方的盛气凌人而屈服，绝对不能拍马屁，而是应该采用不卑不亢的言语去打动他。

5. 无所不知型的客人

这类客人缺乏谦卑，总觉得自己就是最好的，喜欢用高傲的姿态对待服务员，认为自己什么都知道。

应对策略：服务员应该对客人说的话表示肯定和赞成，应该告诉客人这种产品的优势，与客人的密切联系在哪里，不要直接批评客人。

6. 世故老练型的客户

这种类型的客人说话办事一般都很世故圆滑，他们会显得非常老练，对服务员的介绍一般无动于衷，让很多服务员束手无策。

应对策略：这种类型的客人虽然话很少，但是心里很清楚，比谁都有一套。服务员要仔细观察他们的一举一动，用最佳的分析讲解来引导客人购买产品。

7. 好争论辩解型的客户

这种类型的客人喜欢与服务员唱反调，喜欢搬出理论，讲大道理，以此来显示他的能力。有时明知自己是错误的也要和你争辩，直到实在辩不过去嘴上还是不服输。

应对策略：先承认对方的一切说法，不要顶撞，你的态度一定要诚恳，让对方觉得你乐于听他的辩解，以博取对方的好感。当对方觉得在你面前有优越感时，又对你的产品有一些了解，他就可能会购买，与之交流时要少说多听，要说就切中要害，一针见血，只要能刺激对方的需求性。

8. 虚荣心强的客人

这种类型的客人一般都是死要面子的，既自大又自负。他们为了满足自己的虚荣心，喜欢撒谎欺骗，喜欢得到别人的赏识与赞扬。

应对策略：多讲解产品最适合他这种高层次的人使用，多给他成就感和肯定，这类人都喜欢别人的奉承，切不可揭他的老底。只要顺着他的心理，对他多一份认同，他就会对你产生信任。还要多讲解选择产品后带来的感受和优越感，这样你的产品才有可能让这群人接受。

9. 贪小便宜型的客人

这种客人总是希望产品不花钱就能买到，当服务员在对他们做产品介绍的时候，他们一般不会给服务员面子，然而，当他们一旦有便宜可占的时候，态度立即就会改变。

应对策略：如果服务员发现客人有这种性格，不妨想出一些优惠的方法或者具有大的吸引力的举措，让客人觉得有便宜可占，购买就不成问题了。

10. 喜欢说话型的客人

这种类型的客人天生话就很多，就算是一些鸡毛蒜皮的小事，他们都会放大来说，也不管别人是否愿意听，只管他自己嘴上痛快了就行。

应对策略：对这种类型的客人，不妨就让他们尽管说，等到他们说到高兴为止，服务员只管做一个听众就行。但是，一个优秀的服务员不仅要学会顺从和迁就，还要在听的过程中把握好时机插入对产品的介绍，适时促成销售。

三、客人的消费需求

服务员若要将产品顺利销售出去，就要寻找到客人的利益点，以此作为服务销售的关键点，将酒店产品的特点与客人的利益点联系起来。

每一样酒店产品都有其独具的特性，这些特性就是酒店产品的优点，也是客人的某一利益点。比如，客人选择物美价廉，或者高档典雅的酒店，服务员要能够根据这一不同特点选择适合的服务，从而满足客人的需求。

服务员要推敲客人的特殊需求，以找到客人的利益点。每一个客人对酒店产品的需求或多或少都有些不一样，特别是一些特殊的客人，需要特殊的利益，这就是客人的特殊需求，这就是客人不同的利益点。

要做到这一点，一般要通过如下步骤来找到：从事实调查中发掘客人的特殊需求；从询问技巧中发掘客人的特殊要求；介绍酒店产品的特性，向客人说明这种产品的特点；介绍酒店产品的优点，向客人说明产品的功能及其产品优点；介绍酒店产品的特殊利益，向客人阐述这种产品正好能满足客人的特殊需求，能满足客人的特殊利益。

1. 满足象征客人地位的产品

很多客人会比较注重酒店的整体形象，比如说，酒店产品的价格、性能、个性特征，特别是名气。

针对这些客人，酒店服务员不妨从此处着手试探潜在客人最关心的利益点是否在此。

2. 满足客人的安全、安心的酒店产品

地沟油问题、疯牛病问题、烤鸡苏丹红质量问题等屡屡被爆出，人们越来越关注食品安全问题。安全、安心也是很多客人选购酒店经常会考虑的理由之一。

3. 兴趣、嗜好是客人购买产品不可忽视的一个重点

很多客人将自己的兴趣、嗜好与产品结合在一起。根据这一点，只要酒店服务员能够抓住这种心理需求，就一定能够让客人与酒店双方受益。

4. 价格是客人选购产品的理由之一

有的客人对价格非常重视，服务员可向此类客人推荐在价格上能满足这类客人的产品，否则你只有找出更多的特殊利益以提升产品的价值，使他认为值得购买。

5. 优质的服务也是客人选择的重要因素

因为一个服务较好的酒店会吸引客人络绎不绝地前来，服务也是你找出客人关心的利益点之一。

用利益打动客人，是说服客人实现销售的基本原则。客人之所以选择你的酒店消费，是因为你的酒店产品能给他带来更多的利益，能够满足他更多的需求。你所销售的产品的特点正好能为客人提供利益，抓住了客人的利益点，你与客人之间才会有交集。

四、客人的消费行为

能够最大限度地争取到客人对酒店服务员的认同，是服务销售工作获得成功的一个至关重要的环节。得到了客人的认同，也就表明客人对我们的产品表示满意。产品能够满足客人的需求，交易成功也就是顺理成章的事情了。

酒店服务员是否能够及时抓住客人对产品的兴趣，能否准确地将产品的优点、特点、性能等关键点介绍给客人，能否用一套生动顺畅的语言来打动客人，得到客人的认同，这些是非常重要的。

在销售酒店产品中，如何介绍产品才能得到客人的认同，才能引起客人对产品的加倍重视呢?

1. 尽量同意客人的观点

俗话说，顾客就是上帝，他们在消费的过程中会提出很多异议，这些异议正是客人担心的问题或者是客人的真正需求。面对这些异议，我们的酒店服务员千万不能马上反驳，或者试图说服客人，企图让客人信服。事实上，客人从来不会被人说服，客人只会从心里来信服。最好的办法就是尽量同意客人的观点，一步一步找出解决问题的方法。

2. 找到与客人共同的兴趣和爱好点

与客人谈论共同的兴趣和爱好，能够让客人对酒店服务员产生亲切感和信任感。

比如大家有共同的业余爱好，如唱歌、玩游戏等爱好，引发客人对酒店服务员的认同。俗话说“酒逢知己千杯少，话不投机半句多”，客人对“情趣相投”的人是相当认同的。

3. 赞美客人

每个人都希望得到他人的赞美，以满足自己的心理需求。这种赞美应该是真心的、由衷的、真诚的。如果不是正确的赞美，很可能会引起客人的反感，这样做可能适得其反。真诚地赞美客人，客人高兴的同时对你也会产生好感，为客人认同你的产品做了一个良好的铺垫。

4. 与客人拉家常

与客人拉家常，在闲聊中就能够让客人买单，这听起来似乎有点匪夷所思。但是，这确实是很多优秀的酒店服务员成功销售的法宝之一。他们在与客人“套近乎”的过程中，会让客人觉得这个服务员很实在，人品不错，是可以信赖的，从而会认为酒店服务员所销售的产品也不错，于是成交。

5. 找到客人认同的意见领袖

要知道，客人一般愿意相信一个德高望重的领袖的意见，他们对意见领袖的选择是非常认同的，并愿意通过与意见领袖相同的选择来体现这种认同。

因此，酒店服务员就要抓住客人的这种消费心理，先从意见领袖出发，一旦得到了意见领袖的认同，也就得到了大量的客人的认同。这些意见领袖的带动作用是非常巨大的。

客人是一个酒店赖以生存和发展的基础，也是酒店利润的来源。酒店服务员作为客人与酒店之间的纽带，只有尊重客人、服务客人，搞好与客人之间的关系，酒店才能稳定地发展。只有做到真心对待客人，心为客人想，情为客人系，利为客人谋，才能取信于客人。

第五节 如何判断客人的需求

一、看出客人的真正需求

客人进入酒店，有三个方面需要服务员“看”出来：①注意客人的人数，客人大致的身份特征是什么。②从客人的眼神中观察需求信息及客人的态度。③看细节，如在前厅看到提行李的客人，就上前协助；看到有一两岁的小孩，就添儿童座椅；看到客人摸口袋找烟，就赶紧递上打火机；等等。

能够看透客人的潜在需求是一种本领。服务员通过观察，收集到客人的各种信息，并进行推断，作出反应的一个过程，是整个服务中最有价值的一部分。

能够做到这一点，就称为主动服务，否则就是被动服务。对服务员来说，一定要努力锻炼，力争达到这种境界，就能很快摸透客人的心。想客人之所想，急客人之所急，做在客人开口之前。

客人的需求是有表征可寻的，只要你有善于发现的眼睛。只要勤学苦练，就一定能达到。

夏天，一位满头大汗的客人来到酒店，这时，他的第一需要应该是降温，而不是点餐、点茶、点酒，服务员不是忙着询问客人有几位，不是马上除筷套、铺开口布等格式化的服务。

一位优秀的服务员此刻最先考虑到的是马上让客人凉爽下来。能降温的方式有多种，空调、冷饮、冰巾，还有就是安静凉爽的服务，舒缓客人炽热的感觉。

先检查室内温度是否达到预期，立刻递上湿巾，然后提醒客人不要对着空调猛吹，以免患上热感冒或者空调病等。客人“凉”下来后，那些常规服务你再跟上，这项服务过程就完美了。

观察客人的视线，可以总结出一定规律，如表 6－1 所示。

表 6－1　看出客人需求

客人动作	暗含需求	提供服务
客人的眼睛往上看	可能在找房号	指引房间
客人的眼睛往两边看	可能在找洗手间	指引或提示
客人的眼睛往下看	可能在思考或不想被打扰	静静地引领客人
客人的眼睛上下左右全方位都看	可能在观察店内营业情况或进行调查	主动走上前，给客人介绍并递送名片和企业宣传页
客人的眼睛向门外看	可能在等人	试探询问客人是否在等人，是否需要添加凳子和餐具等
客人的眼睛盯着你（服务员）的脸看半天	想引起你的注意或者想回忆起你的名字	主动热情地向客人作自我介绍，递送名片
客人的眼睛对一切都一扫而过	没注意或者不感兴趣	不要打扰客人
客人眯着眼睛努力看	可能是近视眼或想弄清楚所注意的问题	可试探询问是否需要帮助
点菜时眼睛注视某个菜品超过 5 秒	没有拿定主意或者在研究	可以试着介绍引导或推荐
手机放在耳朵上，从房间出来	接打电话	可留意一下客人是否需要纸笔记录内容
低着头发短信或看手机	表示拒绝，不想被打扰	不要打扰客人
点菜时指着菜品问“这是什么”	通常是想问这个菜好吃不好吃或是点的人多不多	可以介绍菜品特点并试着推荐

（续上表）

客人动作	暗含需求	提供服务
问“这菜怎么做”	通常是想知道哪种做法好吃或者点的人多	可以试着推荐
客人进入房间后，左右一看就皱起眉头	表示不开心	也许是房间让客人不满意，注意灯光、空调、气味、座位、服务态度等项内容
在房间内，客人加重语气问“这是什么味呀”	通常表示房间味道差	马上请上层负责人过来表示关心，并征求客人的意见

二、听出客人的真正意图

通常，我们形容一个人“很机灵”，都用“耳聪目明”来表示，可见耳朵与眼睛是同样重要的。耳朵是协助眼睛完成观察的重要器官。相比眼睛看到的信息，听到的信息则更直接，更清晰，更准确。

优秀的服务员很善于倾听，在与客人的闲聊中听出客人的喜好、需求，并暗暗记下，当作销售的前提条件。

学会“听”服务，要从“听”的内容入手。

1. 听要求

服务员要注意倾听客人的要求，随时随地用眼神盯住客人，即使你在服务其他客人时也是如此。

“一招呼就来”、“ 一说就听到”是服务的第一要旨。

2. 快行动

对于十分明晰的指令，服务员要懂得去执行，听到了要立即回应一声，要立即有所行动，只要指令清晰，没有什么疑问，就应该去行动。

3. 会沟通

对于不清晰的要求，服务员要知道与客人沟通。客人提出的要求未必是十分清晰的，这时候服务员就要通过交流与沟通，弄清楚弄明白客人的要求。

比如，王经理在某酒店餐厅吃饭时，要求服务员提前打包几个馒头带走，可是不一会儿，服务员用盘子端上来一个热过的分切后的馒头，服务员倒是挺周到，但完全不合客人的要求，客人是想完整地打包带走。

4. 听含义

听客人话里的弦外之音，听真实意图。汉语言内涵非常丰富，同样的句子，语调、语速、语气，以及讲话的表情、态度、姿势不同，其表达的含义也不同，有时可能是完全相反的。这就需要服务员能够听明白客人的真正意思，然后再行动。

5. 善记忆

善记忆就是听客人说话的信息并记忆。服务员在倾听中能够记住客人的需求、爱好、身份、兴趣、年龄、职业等，从中可以发现线索，找到交流的点。

通过听，可以发现客人需求，如表6－2所示。

表6－2　听出客人需求

客人语言	分析暗含需求	应对服务
一桌客人就餐，吃到尾声时，主陪说“再加一个菜”	第一种情况是至少加两个菜，表示充分热情	可以推荐两个特色菜
	第二种情况是表示对被请客人的尊重，仅仅是征询一下客人的意见，不一定真的要加菜	动作要放慢一些，等等看，注意察言观色
	第三种情况是表示对被请客人的热情与尊重，只象征性地加一个上菜快、简单、不贵的菜就可以了	立即推荐适宜的、清口的菜，或者加个饭，就可以了

（续上表）

客人语言	分析暗含需求	应对服务
客人说“前几天在某酒店吃了一道菜品味道不错”	客人可能喜欢吃此种菜品，继续倾听客人的介绍，他如说“此菜有营养”，就说明他喜欢此种原料	可以用聊天的口气向客人推荐：“我们这里也有这道菜品，很多客人都很喜欢吃呢。”
	如果他说“味道不错”，就说明他喜欢那种口味	可以说：“我们这道菜的做法比别的酒店独特呢，口味也与众不同。”
客人说“某种酒好喝”	从酒的品牌、口味、价位可以推测客人的身份、消费能力	记录在客情表上，以备下次推荐时有针对性，切忌把最贵的酒直接拿上来

第七章

职业规划，酒店服务员提升之路

一个合适的职业发展前景，就像鸟儿需要飞翔一样，职业就是你飞翔的翅膀，是你梦开始的地方。能飞多远完全取决于你的判断力，因此，必须有明确的职业发展规划。

酒店服务员的职业生涯包括以下两个方面：

一是对职业的选择。俗话说：男怕入错行，女怕嫁错郎。究竟如何选择自己准备为之奋斗一生的职业呢？对一个刚刚走上酒店工作岗位的年轻人来说，这的确是一件难事。职业选择不是一朝一夕之功，而是一个不断摸索、不断学习、不断实践的系统工程。

什么是适合自己的职业呢？当你觉得从事某一工作很快乐，很感兴趣，并且对这项工作的内容和技术学得特别快，学得特别好时，你往往能做好这项工作，这就是适合你的职业。可以说，兴趣是最好的老师，兴趣是人生发展的最大动力。

二是对酒店的选择。选择一家怎么样的酒店对个人的发展至关重要。选择一家大酒店，其在管理上往往比较正规，培训也到位，新员工可以在里面学习到规范的管理，得到历练，但大酒店往往人才济济，等级也严，提升机会相对较少。如果选择一家小酒店，往往需要身兼多职，但也可以使人得到全面的锻炼，同时提升机会也多。上述情况因人而异，不可一概而论。

选择好行业和酒店之后，接下来就是酒店服务员的具体职业生涯规划，主要包括三方面的内容：职业道德规范、价值观塑造、职业生涯方向。

第一节　打磨自身道德素质才是王道

人才的基本要求是德才兼备，因此，酒店服务员不仅要加强自身服务素质和提高服务技能，还要学会遵守相应的行为规范和行为准则，而这种行为规范和行为准则就是服务员的职业道德。

一、职业道德教育的目标

酒店服务员职业道德教育的目标是“培养正确的从业观念，全心全意为顾客”的服务意识和团结协作的精神、严格的组织纪律观念和集体主义精神，不断提高对客服务质量。

1. 培养正确的从业观念

培养正确的从业观念，要从热爱本职工作开始。热爱本职工作是一切职业道德中最基本的道德守则，要求员工爱业敬业，乐业精业，忠实地履行自己的职业职责，以积极的态度对待自己的职业活动，不断开拓进取，充分发挥自己的聪明才智，在平凡的服务岗位上创造出不平凡的业绩。

2. 培养良好的团队意识

当前社会是一个协作的社会，任何企业都必须依靠团队的完美合作才能取得成功，“没有完美的个人，只有完美的团队”已成为行业共识。

酒店服务员必须清晰地认识到，只有把自己的职业行为完全融入整个团队的行为中才能取得成功。因此，同事之间、岗位之间、上下级之间，只有相互理解，相互支持，及时沟通，才能出色地完成自己的任务。

3. 培养遵纪守法意识

严格的规章制度是做好酒店服务工作的基本保证，是服务员应有的基本品德。酒店服务员必须遵守国家法律法规，遵守酒店的规章制度和操作规程，努力养成自觉的服从意识和自觉遵守组织纪律、执行规章制度的习惯。

4. 培养诚实守信意识

诚实守信是中华民族的传统美德，也是酒店服务员的根本行为准则，更是保证酒店长盛不衰的秘诀。培养服务员的诚实守信意识，就是要保证服务员在工作中能以诚待人，以诚待客，扎扎实实地做好服务工作。

二、职业道德的基本内容

酒店服务员的职业道德是一种具体形式，是一般社会道德在酒店服务职业中的特殊体现。服务员职业道德是酒店服务员在劳动过程中产生和发展起来的，是服务员处理和调节服务活动中人与人之间关系的特殊道德要求。

服务员职业道德规范与服务活动的特点紧密相连，所以有着与其他职业道德不同的特点，主要体现在以下方面。

1. 热情友好，宾客至上

酒店业属于服务行业，服务员服务态度的好坏直接影响到酒店的服务质量。热情友好是服务员真诚欢迎客人的直接体现，是服务员爱岗敬业、精技乐业的直接反映。其具体要求是：

（1）谦虚谨慎，尊重顾客；

（2）热情友好，态度谦恭；

（3）乐于助人，牢记宗旨；

（4）遵循道德，规范行为。

2. 真诚公道，信誉第一

诚实守信是经营活动的第一要素，是酒店服务员首要的行为准则，是调节客人与酒店之间、客人与服务员之间关系的杠杆。只有兼顾酒店利益、客人利益和服务员利益三者之间的关系，才能获得客人的信赖。其具体要求是：

（1）广告宣传，真实有效；

（2）信守承诺，履行职责；

（3）童叟无欺，合理收费；

（4）诚实可靠，拾金不昧；

（5）坚持原则，实事求是；

（6）规范服务，有错必纠。

3. 文明礼貌，优质服务

文明礼貌、优质服务是酒店服务员主要的道德规范和业务要求，是服务员职业道德一个显著的特点。其具体要求是：

（1）仪表整洁，举止大方；

（2）微笑服务，礼貌待客；

（3）环境优美，设施完好；

（4）尽职尽责，服务周到；

（5）语言得体，谈吐高雅；

（6）遵循礼仪，快捷稳妥。

4. 安全卫生，出品优良

安全卫生是酒店提供服务的基本要求，酒店服务员必须本着对顾客高度负责的态度，认真做好安全防范工作，杜绝食品卫生隐患，保证客人的人身安全。另外，良好的出品质量是酒店服务员为客人提供优质服务的前提和基础，也是服务员职业道德的基本诉求。其具体要求是：

（1）重视安全，杜绝隐患；

（2）讲究卫生，以洁为先；

（3）把握质量，出品优良。

5. 团结协作，顾全大局

团结协作、顾全大局是酒店经营管理成功的重要保证，是处理同事之间、岗位之间、部门之间、上下级之间以及局部利益与整体利益之间、眼前利益与长远利益之间相互关系的行为准则。其具体要求是：

（1）团结友爱，相互尊重；

（2）密切配合，互相支持；

（3）学习先进，互相帮助；

（4）发扬风格，互敬互让。

6. 遵纪守法，廉洁奉公

遵纪守法、廉洁奉公是酒店服务员正确处理个人与集体、个人与国家关系的行为准则，既是国家法律法规的强制要求，又是职业道德规范的要求。其具体要求是：

（1）遵纪守法，身体力行；

（2）恪守职责，按章办事；

（3）弘扬正气，抵制歪风；

（4）团队为上，勇于奉献；

（5）维护国格，珍惜声誉。

7. 培智精技，学而不厌

提高自身素质，提高业务技能，是酒店服务员不可缺少的基本规范之一，是服务员搞好本职工作的关键。其具体要求是：

（1）树立目标，真抓实干；

（2）坚定意志，强化理想；

（3）找准定位，勤学苦练。

8. 平等待客，一视同仁

满足客人受欢迎、受重视、被理解的需求是酒店优质服务的基础。因此，要求每一个服务员必须对客人以礼相待，绝不能因为社会地位的高低和经济收入的差异而使客人受到不平等接待与服务，要坚决摒弃“衣帽取人，看客下菜”的陈规陋习。平等待客、一视同仁作为酒店服务员的道德规范，尊重客人的人格和愿望，主动热情地去满足客人的合理要求，使客人处在舒心悦目、平等友好的氛围中。其具体要求是：

（1）贵宾与普宾一样；

（2）内宾与外宾一样；

（3）华侨与外宾一样；

（4）东西方宾客一样；

（5）新客与常客一样；

（6）不同肤色客人一样。

三、良好职业道德如何培养

服务员要培养良好的职业道德，必须从职业认知、职业感情、职业信念、职业意志和职业习惯这五方面进行。也就是说，在不断提高职业认知的基础上逐步加深职业感情，磨炼职业意志，进而坚定职业信念，养成良好的职业习惯和行为，达到具有高尚职业道德的目的。

1. 提高职业认知

提高职业认知，就是按照职业道德的要求，深刻认识自己所从事职业的性质、地位和作用，明确服务对象、操作规程和应达到的目标，认清自己在职业活动中应该承担的责任和义务，以提高热爱本职工作的自觉性。

2. 加深职业感情

培养职业感情，就是在热爱本职工作的基础上，从高处着想、低处着手，一点一滴地培养自己对本职工作的感情，不断加深对自身职业的光荣感和责任感。

3. 磨炼职业意志

磨炼职业意志，就是要求从事职业活动和履行职业职责的服务人员，在对客人提供优质服务的过程中努力锻炼自己，用坚强的意志去克服和解决各种矛盾，处理好内外人际关系。

4. 坚定职业信念

坚定职业信念，就是要求不同岗位上的服务人员干一行，爱一行，专一行，在工作中做到出类拔萃，为实现职业理想而坚持不懈地努力。

5. 养成职业习惯

职业行为和习惯是在职业认识、情感、意志和信念的支配下采取的行动。经过反复实践，当良好的职业行为成为自觉的行动而习以为常的时候，就形成了职业习惯。

以上五个因素是相互联系、相互作用、相互促进的，只有发挥所有职业因素的作用，才能达到具有高尚的职业道德的目的。

第二节 坚持正确的价值观才有回报

很多人都存在着这样一些错误的观点，认为酒店业是伺候人的行业，没有大的发展前途，很多人从事酒店服务员的工作纯粹是出于生计的需要，颇有点迫于无奈的味道。

于是，酒店业出现频繁的人员流动情况，一时难以补齐的人员空缺给酒店经营造成了不小的损失。酒店的数量在激增，人才缺口也在不断扩大。“用工荒”的确是酒店业一个不争的事实。

如今，酒店人才结构已不同往日，“80 后”、“90 后”成了酒店的中流砥柱。很多人抱着“初生之犊不怕虎”的雄心壮志投入到酒店行业中去，却未意识到现实工作的残酷，期望中的工作与现实的落差让很多人对酒店行业望而却步。

这时，酒店新人需要特别对待、耐心引导，适当地开展人生职业规划方面的培训，树立正确的人生价值观，构筑一个明亮的未来，重燃酒店新希望。

一、树立正确的价值观

价值观是一个人判断某个事物有没有价值或价值大小的尺度和准则。一个人的价值观一旦确立，便具有相对的目标性、引导性、推动性和稳定性。

由于社会环境和职场环境不断发生变化，一个人的价值取向和观念难免在“被影响”的状态下被动地发生变化。因此，每个人的价值观也会不断地不同程度地受到由新环境的变化导致新价值观产生的挑战。

职场如战场，虽然没有硝烟，但一样很残酷，虽然没有敌人，但周围一直都潜伏着强悍的竞争对手；职场如杀场，弱肉强食，胜者为王，“仗”是一波一波地打，人是一波一波地换，有些人总是赢，但也有些人始终都没搞清楚自己为何输。

职场成败的奥妙在哪里呢？可能取决于一个人的价值取向和发展战略，可能取决于个人的理想和发展规划，可能取决于个人的战术实施和能力的强弱，当然，也有可能取决于你的性格、人际关系管理、运气或者修养……

但无论职场成败取决于什么，如果你的职场是一个没有价值观的职场，那么，你在职场的状态便是：无头苍蝇到处乱撞，总为别人做嫁衣，让属于自己的时间白白流失，搞不清楚自己的规划是为价值观服务的，搞不清楚自己的能力是为价值观服务的，搞不清楚自己的性格是为价值观服务的，搞不清楚所有的人际关系也是为价值观服务的，甚至更多的人根本就不知道自己要什么，也不知道自己能做什么，更不知道自己将要去做什么……

而且，更可悲的是，在职场中还辨不清敌我，分不清是非，搞不清主次，没有构建起自己的职场价值观体系。可见，职场中大多数人没能正确地理解价值观的意义，也没有让个人价值观发挥重要的作用。

其实，决定每个人的职场结果或者说影响每个人职场成败的关键因素不是别的，就是你的职场价值观。因为，你的职场价值观会决定你的职场行为，你的职场行为决定了你的职场结果。

【经典案例】

徒弟问师傅，一碗米的价值是多少。师傅说，这很难说，要看这碗米在谁的手里。如果是在一个家庭主妇手里，她加点水蒸一蒸，用半个钟头的时间就可以端几碗米饭出来，让一家人吃一顿饱饭，就是一顿饭的价值。

要是在小商人手里，他把米好好泡一泡，加一些红枣、豆类、花生或一些肉类，并用粽叶包好，再蒸一下，五六个粽子一上市就是二三十块钱的价值。

要是在一个更有经济头脑的大商人手里，把它适当地发酵、加温、窖藏，包装成一瓶美酒，有可能是几百块钱到几千块的价值，甚至更高。可见，一碗米有多少价值，因人而异。

其实，从一碗米到一顿饭也好，一瓶酒也好，我们每一个人最初的价值都是“一碗米”，随着家庭主妇、小商人、大商人所处的环境不同，追求不同，他们的价值观也就不同。价值观不同则定位不同，定位不同则做事方式不同，

显然，发展的结果也就不同。

在很大程度上，其价值取决于每个人对“一碗米”的加工程度。通常来说，加工的时间越短，离米的原始形态越接近，价值就越低；加工的时间越长，离原始的形态越远，价值也就越大。因此，要提升个人的价值，就要善于加工自己，不断改变自己的价值空间。

二、酒店服务员价值观导向

美国作家吉姆·柯林斯曾说：“真正让企业长盛不衰的是深深植根于员工心中的核心价值观。”这句话一语道出了价值观的精髓。价值观对经营企业有用，对个人成长一样有用。

企业以人为本，企业的主体是人，只要抓住了每个人的价值观，那么，人的行为就被抓住了，企业就可以长盛不衰，这是组织管理的范畴。同样的道理，如果一个人能够把自己的价值观管理好了，那么你就把“你自己”牢牢地抓住了，你的行为就被你抓住了。当然，有些人可以抓住，但有些人则抓不住，这取决于一个人对自我管理的意识和能力。

现代职场人的价值观导向变得越来越现实和简单，似乎不加任何的掩饰和隐瞒，其实这并不可怕，可怕的是很多企业根本就不重视员工的价值观引导或管理。

也有可能是社会环境的多变性导致企业组织对员工价值观不重视，职场人又抱着无所谓的态度，导致了职场人价值观导向现实性和简单性的存在，但无论是什么原因导致，以下10种职场价值观的导向已经是各个企业的常态，供大家参考。

（1）预期收益：收入是否会越来越高，福利是否会越来越好。

（2）权力范围：权力能否越来越大，职务是否会越来越高。

（3）成就感：成绩有没有被组织、上司或同事及时认可，自己有没有被重视。

（4）公平性：公司规章制度和激励机制的公平、公正、公开性。

（5）成长空间：能力能否增长，品格能否得到修炼。

（6）兴趣爱好：是不是在做自己喜欢的工作。

（7）快乐指数：我快乐吗？

（8）环境舒适度：环境优越性。

（9）人际关系和谐：很多人因为不会妥善处理人际关系而头疼。

（10）情感：有些人工作是为了情感。

【经典案例】

麦当劳有“QSC + V”的理念。Q是quality（品质），S是service（服务），C是cleaning（卫生、清洁），V是value（价值）。这个理念可以理解为“质量超群，服务优良，卫生清洁，货真价实”。

比如麦当劳产品加工和烹制程序乃至厨房布置，都是标准化，严格控制。每个餐厅的菜单基本相同，而且是有限的菜单服务项目，确保食物口味的稳定性，使客人加强忠诚度。

服务方面，麦当劳强调的是微笑理念、阳光快乐理念和周到快捷的服务理念，提倡每个人脸上都带着笑容去服务客人。

卫生方面，员工在工作的时候，每30分钟洗手15秒。卫生间，15分钟打扫一次，30分钟检查一次。

走入中国每一家麦当劳，里面的员工都是中国人，但是他们身上的那种快乐、主动、积极，给人的印象却异常深刻。为什么会这样？因为麦当劳的文化熏陶了他们。

麦当劳员工手册首页就是“麦当劳箴言”，特别提到了赢家与输家的区别：赢家永远是答案的一部分，输家永远是问题的一部分；赢家永远有一个计划，输家永远有一个借口；赢家常说“让我来帮你做”，输家常说“那不是我的事”；赢家总是看到每个问题的答案，输家总是看到每个答案的问题；赢家常说“可能很困难，但希望很大”，输家常说“可能有希望，但困难重重”。

为什么要强调赢家思想？有人说：“企业兴亡，员工有责。”现在酒店餐饮行业竞争激烈，曾有人统计，每天新开店100家，却差不多有120家要关门。如果每个服务员都具有共同的危机感，就会有共同的奋斗目标。

总之，如果每个服务员都有危机感，都有责任心，每天做好自己的本职工作，对外塑口碑、塑品牌，创造利润，在酒店内部打造一个赢的团队，打造一个赢的氛围，我们就能变成不平凡的，就能做到酒店、员工和客人的共赢。

第三节　方向对了就成功了一半

职业规划虽然是老生常谈，但是对服务员进行职业规划的酒店却不多。这并不意味着服务员工作没有发展前景。因为工作没有高低贵贱之分，只有岗位的不同。无论从事什么工作，只有靠自身努力，才能体现出岗位价值，个人的发展是一定会有前途的。

实事上，并不是每一个服务员都能按规划好的道路发展，关键还是取决于自身因素，当前的思路决定未来的命运。但经过规划，会让自己少走很多弯路，节省很多机会成本，可能会更快走到职业的顶峰。

职业规划就是尽可能地规划自己未来职业发展的历程，在充分考虑个人的能力、性格特质、价值取向、发展利弊等因素前提下，对自己未来职业发展进行妥善安排，期望达到自己人生的最高境界。

职业规划包括几个基本要素：了解自己，包括审视自己的兴趣、能力、价值观、性格、气质、成长历程对自己的影响等因素；了解环境，分析从事该行业所需要的胜任能力、主要就业渠道、岗位职责、发展前景、薪酬待遇等。

人往高处走，水往低处流。虽然服务员处在酒店服务一线最基层的岗位上，但是也需要不断发展，所以不能认为服务员做这么基础性的工作就不需要职业规划。

对服务员进行职业规划，需要准确的职业定位，不要把服务员工作当成一种生存手段，而是要当作自己的事业来做，当成实现自己价值的舞台来奋斗与追求。只有这样，服务员才能快速提高自己的工作能力，在枯燥的工作中保持长时间的工作激情。做好本职工作，快速积累工作经验，同时挑战自己，向更高目标发展，以证明自己的能力和价值。

一、正确地自我评估

自我评估是酒店服务员职业生涯规划的基础，有效的个人职业生涯规划要求服务员首先对自己作全面的分析，通过自我分析，正确认识和了解自己，对自己未来的职业生涯作出最佳的抉择。

如果服务员忽视了自我评估，职业生涯规划就很容易中途夭折。自我评估的主要内容包括兴趣、个性、性格、能力、特长、学识水平、思维方式、价值观、情商以及潜能等。即弄清楚你是谁，你想要做什么，你能做什么。

俗话说“当局者迷”，每个人对自己的认识总是片面的，所以，在作自我评估时，应当考虑他人的意见，我们称之为“角色建议”。

正如美国福特汽车首席专家路易斯·罗斯所说，在知识经济时代，知识就像是鲜奶，纸盒上贴着有效期，如果有效期到了，你还不更新所有的知识，你的职业生涯很快就要被腐蚀掉。

一个合适的职业发展前景，就像鸟儿需要飞翔一样，职业就是你飞翔的翅膀，是你梦开始的地方。能飞多远完全取决于你的判断力，因此，必须有明确的职业发展导向。

二、确定的职业目标

为什么要选择职业目标呢？因为你不清楚自己要朝哪个方向走，通常会原地踏步。就像大海中的航船、空中的飞机，没有目标无法前行。如果职业没有目标，职业发展随时有可能陷入停滞状态。

1. 盘点自己

如果一个服务员不清楚自己想做什么、适合做什么、能做什么，就难以找到发展自己的人生舞台，更不要说演绎多彩的职业人生了。盘点自己包括个人的能力、个人的兴趣与爱好、个人的性格与气质、个人的学识水平、个人的技能，进而综合评价自己。

2. 分析自己

分析自己可采用机会评估工具（SWOT 法），包括以下几点。

（1）优势分析：你曾经做过什么？你学习了什么？最成功的是什么？

（2）劣势分析：性格的弱点，经验或经历中所欠缺的方面。

（3）机会分析：对社会大环境的分析，对自己选择企业的外部分析，人际关系分析，潜在的危险分析。

（4）分析自己学业、专业与职业：学业是职业发展的基础，根据自己的能力与专业来选择自己的职业，确立职业目标。清楚地认识自己，就是要对自己的专业和职业进行完美组合，处理好专业与职业的五种关系：专业包容职业，以专业为核心，专业与职业部分重合，专业与职业相切，专业与职业分离。

确定自己的职业发展路线，询问自己：想往哪一条路线发展？我适合往哪一路线发展？我可以往哪一路线发展？

3. 职业目标的标准

职业目标必须是自己认真选择的，对选择的结果要认真评估，对目标充满信心，愿付出行动来完成，适合你的生活模式，符合你的价值观。同时要注意：不要太贪心，目标要具体明确，高低适度，兼顾平衡，个人目标与企业目标要一致。

4. 目标的设定

要以自己的最佳才能、最优性格、最大兴趣、最有利的环境等信息为依据。通常设定目标时分短期目标、中期目标、长期目标和人生目标。

服务员在酒店运作三个阶段的角色演变如下图所示。

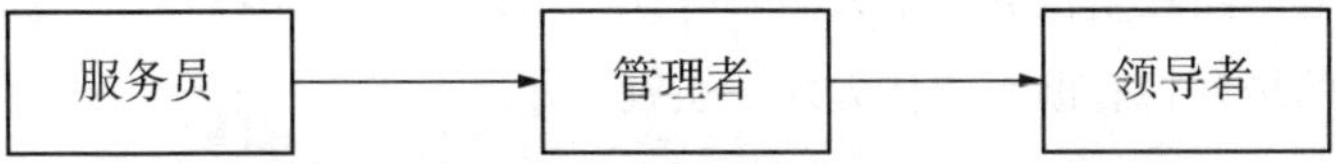

服务员在酒店运作三个阶段的角色演变图

三、职业角色跨越式蜕变

从蓝领、白领到金领是酒店服务员人生发展的三次重大飞跃。俗话说得好：“不经历风雨，怎么见彩虹。”一个人是不可能随随便便成功的，要经过多年的努力奋斗才能实现心中的梦想。

一般来说，酒店服务员要成为一个职业酒店人，都要经过蓝领、白领阶段，最后成为金领这样一个过程。

1. 蓝领阶段

所谓蓝领，过去从事这方面工作的一般衣服的领子是蓝颜色的，所以叫蓝领。蓝领就是执行者，就是听命于别人的指挥。如酒店里客房、前厅、餐饮等部门的服务员、领班等就属于这个范畴。

2. 白领阶段

所谓白领，过去从事这方面工作的一般衣服的领子是白色的，所以叫白领。白领就是管理者，是对一个班组、一个部门进行管理的人员。酒店里领班以上人员、部门经理等都属于这个范畴。

3. 金领阶段

所谓金领，一般来说，从事这方面工作的人员，是使金钱放大增值，给别人发工资的那些人。酒店金领就是酒店经营者、领导者、掌舵者，是酒店的主要决策者，如酒店的总经理、董事长等就属于这个范畴。

酒店应该帮助每一位员工设计其职业发展规划，使员工能够看到未来发展的方向和目标。酒店企业在招聘时，应选择有潜质并热爱酒店工作的人才，按照其性格特点和兴趣爱好，分配到某个部门，给予其一段时间的基层工作锻炼，如果达到了特定的指标并通过评审，可以提升到一定的职位。这样，通过不断地磨炼和培养，将能为酒店培养出优秀的管理人才。

美国假日集团在孟菲斯市设假日酒店大学，假日集团的经理们都得在这里进行为期 2 ～ 5 周的学习。

喜来登集团在全世界 3 个大洲设有 5 个培训中心，用以培训中高级管理人员。这样的培训将有助于留住人才、激励人才。

总之，通过职业生涯规划，可以发掘自我潜能，增强个人实力，增强发展的目的性与计划性，增加成功的机会，提升应对竞争的能力。